乳液があなたを、ブスにする。

岡江美希

SOGO HOREI PUBLISHING CO., LTD

はじめに

〝これまでの人生で、今の私が一番きれい〟

そう思えたら、女性として、これ以上の幸せはないと思いませんか？

これまで、お肌の悩みを解決したい！　美しくなりたい！　と、さまざまな努力をしてきた方も多いと思います。

でも、なかなか改善しないお肌を、毎日鏡で見たり、束の間の効果に一喜一憂したりした経験から、

「私のお肌はトラブル体質だから、仕方ないのかな……」

「年齢を重ねるにつれて、もう、老化する一方なんだ……」

と、落胆しているかもしれません。

でも、諦めることはありません！

今のあなたがいくつであっても、どんな肌トラブルを抱えていても、必ず、これまでの人生で一番美しい肌を、手に入れることができるのです。


では、なぜそんなことが可能なのでしょうか？

私は、全国で美容カウンセリングや、お肌にかんする講演を行っているのですが、ほとんどの方が、誤った肌のお手入れをしています。

最低限のお手入れはしているつもり……という方は、その**常識とされている方法が間違っていたり、**それなりに**美容の勉強をしてきた！　と自負している方は、だからこそ、おちいってしまう失敗があったり**するのです。


たとえば、あなたは乳液を使うことに、疑問を感じたことはありますか？

洗顔をしたら、化粧水をつけて、乳液を塗る。

これは、ほとんどの人が疑うことなく続けている、お手入れの基本なのではないでしょうか？

しかし、実際に乳液は〝美肌の敵〟と言っていいと思います。
理由は、本文に譲りますが、「えっ!?」と、思わず声を上げてしまうような事実が、本当にたくさんあるのです。

ここで、少し私のことをお話しします。

私は、今43歳。

31歳で美容家になり、12年が経ちました。
現在は、エステティックサロンの経営や、化粧品の開発をしながら、全国の美肌やアンチエイジングを目指す方たちへ講演をしたり、美容カウンセリングを行ったりしています。
実は、美容家と申しましても、日本で唯一のニューハーフの美容家です。
美しくなることにかんしては常に命がけ。口だけでなく、本当に命を張って生きてきたと言っても過言ではありません。

10代20代は、全てがコンプレックスで埋め尽くされていました。24時間、夢の中でも、美しくなることを願う日々……。

10代の頃は顔中のニキビに悩まされ、20代になると、水商売で酒浸りの毎日をおくり、ダンサーになると、灼熱のライトと、肌に悪いステージ用メイクで踊り続け、OLになってからは、寝る間を惜しんで働きました。

昼も夜もなく働き、美しさを求めて止まないはずの私のお肌は、**本当に見るも無残にボロボロでした。**

そんな、**お肌にいいことを、何一つしてこなかった私でも、今、驚くほどの美肌を手に入れることができました。**

昔の私を知らない方は、今の私の素肌を見て、「昔からキレイだったんでしょ」「女性じゃないから、特別なんでしょ」などと、心無いことをおっしゃる方もいらっしゃいます。

ですが、今の私のお肌は、**生まれつきのものでもなんでもなく、正真正銘、私の努力で手に入れてきたものです。**

だからあなたも、**〝お肌の美しさは、生まれ持った人だけのモノ〟と、あきらめなくてもいいのです！**

この、私の美容家としての12年の人生で

私が、やり続けてきたこと
私が、避け続けてきたこと
私が、こだわってきたこと
私が、守ってきたこと

これらを**1万2000人以上のご相談者の方にアドバイスし、最も普遍性のあった方法を、本書ではご紹介致します。**

美容家としての12年間は、本当に驚きの連続でした。

即効性があると聞き、試してみたって、どれも同じ。

「いいよ、いいよ」とすすめられるままに購入し、増えるのは肌トラブルばかり……。

「大枚をはたいて買った、高級化粧品はなんだったの!?」

「美顔器・美容法は何のためだったの!?」

と、肌断食をしてみれば、笑うと目元はシワだらけ。

一から自分で調べてみようと美容辞書を開いみれば、使っている化粧品には何種類もの化学薬品と三つの保存料。

保存料がどれだけ入っているのか、何年経っても腐らない化粧品……。

何を信じていいのかわからなくなった時、私は三十路を過ぎていたのです。


でも、**本当に正しく、適した美容法を毎日続けていれば、どんな人でも肌は見違え、驚くほどの美肌に生まれ変わります。**

美容液だって、美容クリームだって、本当の使い方さえわかれば、お手入れ自体が全く変わってきます。**逆に、あなたが使っている美容化粧品も、使い方を誤れば、老化を進めてしまうのです。**

実際、**私がおすすめするお手入れは、そんなに難しくはありません。**
考えれば当たり前のことばかりです。
日々のお手入れ、時々のプラスアルファのお手入れで、**お肌はどんどん健やかに、**
みるみる若返りはじめます。
私の目標は、50歳で生娘の微笑みです（笑）

事実、私の美容法を実践して、

あきらめていた美肌が復活した
たくさんの友だちから、お肌を褒められるようになった
体調まで良くなった
心まで晴れやかになった！

という女性が、たくさんいらっしゃいます。
1年に一度は訪れる、地方講演会に通って下さる、美に貪欲な常連さんたちは、明らかに年々若返っていらっしゃるんです。


私もまだまだ負けていられません！

常に初心に戻り、バイブルを開くかのように、今日もお肌のお手入れです。

化粧品は一生買い続けなければならず、コストがかかりますが、〝美の知識〟を一度手にすれば、一生ものです。

さぁ、あなたも今日から、不老の美肌美女の仲間入りです！

無理せず、楽しく私についてきてください（笑）

岡江美希

第1章 みずみずしくって柔らかいうるおい美肌のつくり方

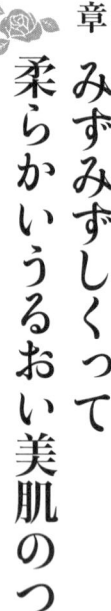

第2章　極上フェイスが生まれる艶肌マッサージ

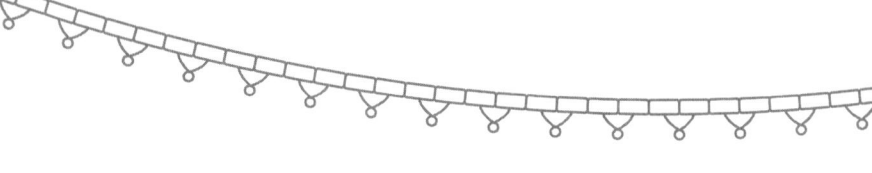

第3章　石ころもダイヤモンドに変える豆乳ドリンク

第4章　心をわし掴みにするオーラを細胞から放つ方法

第7章 美人の賞味期限を延ばす眠り方

第1章

みずみずしくって
柔らかい
うるおい美肌
のつくり方

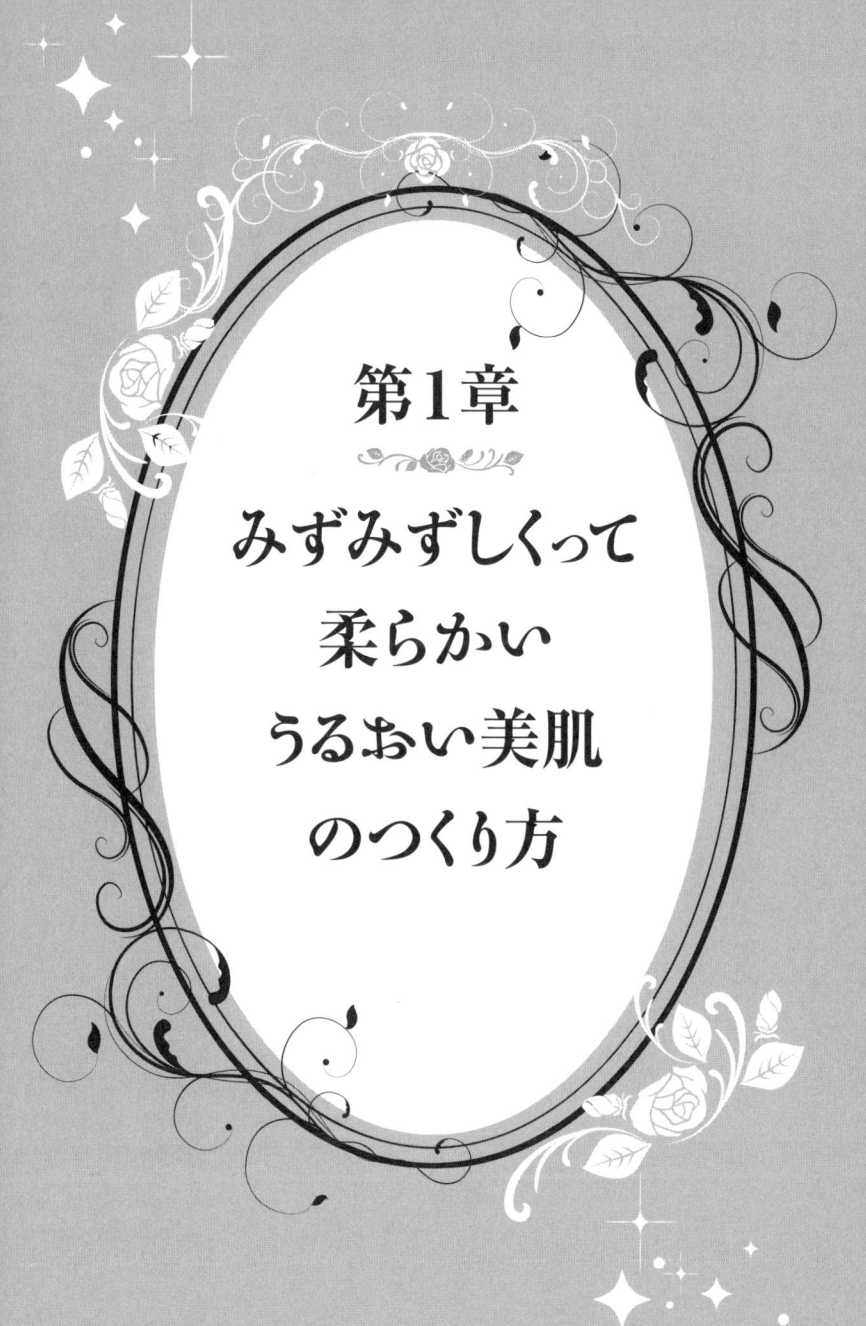

01

肌に飲ませよ化粧水！

肌には、年代と同じだけのうるおいが必要です！

20代なら2回、30代なら3回、もちろん、必要なら4回。私は今40代に突入したので、今日も4回化粧水をたっぷり重ねづけしています。

それが、無敵の美肌をつくる、一番最初のステップなんです。

日本人が一番大好きな化粧品、それが化粧水です。横文字で言うならローションってヤツかしらね。

今、あなたはどのような化粧水を愛用していますか？

もしかして、トロッとして芳醇《ほうじゅん》なイメージの化粧水？　ちょっぴり使うだけで、うるおい被膜が張って、ぷるぷるが長続きする化粧水？

実は、**これらの化粧水がお肌の乾燥を推し進める、ブス肌への諸悪の根源なのです。**肌は常にうるおいを求めています。朝起きてから夜眠るまで、私たちの肌からは、常に水分が蒸発し続けています。**1日水分が蒸発して疲れたお肌を、少しの化粧水と、被膜をつくるだけで、うるおすことができるのでしょうか!?　これが、スバリ言ってNOなのです。**

どんなに高級で栄養たっぷりの化粧水でも、トロッとタイプの化粧水では十分にうるおいません。使用説明書通りに使っても、肌の質感は変わりません。では、もっと使えばいいのね？　と思っても、テクスチャーがドロドロしているので、大量に重ね付けすることできません！

岡江美希流の化粧水の選び方・使い方は、**水のようなシャバシャバの化粧**

水で、お肌にゴクゴク飲ませるように、何度も重ね付けするのが大正解です。
更に、その化粧水にしっかりと美容成分が入っていれば、なお、OKです。

私は20代の時、「高級なら効くでしょ！」と思い込み、美容成分がたっぷり入っているイメージの化粧品、つまりトロトロ化粧水をケチケチ、ちびちび使っていました。トロッとしたテクスチャーなので、肌はうるおっている感触がありました。ところが、コレが思いっきり勘違い。しばらくすると、ものすごく乾燥年齢肌になってしまったのです！

結局、ドロッとしているから、表面だけはうるうるぷるぷるでも、肌の中には、水分がまったく浸透していなかったのです。

表面だけ手厚くケアをしても、土台がカスカスなら、キレイになるわけがありません。表面にばかりうるおい被膜を張ると、そこに水分が溜まって、余計に肌が乾燥するのです。

その後、シャバシャバ化粧水に変えて、たっぷりうるおすお手入れに切り替えた途端、私の肌はキメが整いくすみが取れて、化粧崩れは皆無になりました！

肌にゴクゴク飲ませるように、化粧水を与え続けている人の肌は、10歳以上年下の人にも負けないくらいのキメの細かさと、ハリと弾力を保っている人も多いのです。

水分は、口から入れるだけのものではありません。肌もうるおいを必死で求めているんです。その声に耳を傾けてあげてください。

リッチ感や感触にだまされてはいけません！
本当のうるおい美肌にはゴクゴク飲ませることが必要です！

02 ローションパックの魔法で触りたくなるお肌ができる

ローションパックとは、化粧水でヒタヒタにしたコットンを顔に貼りつけるパックのこと。え!? そんなの知ってるよ! 今更ローションパック??と思われる方も、いらっしゃるかもしれません。ローションパックの経験は、あなたもあるかもしれませんよね。でも、これまでに、それを何日続けたことがありますか?

1度パックして、次は1週間後? それとも3日後?

私は、そんな、生ぬるい話はしていません!

今日の夜からでも、**ローションパックを欠かさずに、毎日毎日30分やって**

ください！ すると、あなたの肌は確実に、魔法にかかったシンデレラのようにうるおいに満ち、王子様が思わず触りたくなるような美肌になります！

信じてないでしょ……あなた。やってごらんなさい。私をはじめ、美容相談に来られた多くの方々が、このローションパックで〝奇跡の美肌〟を手に入れています！

私の肌は、30代はじめに瀕死の状態にまでダメージを受け、そこから、奇跡の復活劇を果たしました。これは、このローションパックの恩恵が言い尽くせぬほどにあるんです。

31歳の私の肌は、毛穴は開いて、肌の炎症で毛細血管が浮き、赤くなっていたり、クスミがひどかったり、首は真っ白でも、顔は小麦色と、肌の血色も悪い状態でした。それも、週に1度のエステに行ってこの状態……。

エステに通ってもこの状態だということは、この先、一生今以上にキレイになることはないんだ……と、半ばあきらめていました。だったら、もうエステなんて止めよう！　そして、エステの半分のお手入れでいいから、毎日続けてみよう！　と決心したんです。

その日から、一切のエステを止め、すべてを自宅でのセルフケアにしました。**「エステの最後って後半30分、いつもローションパックをしてたな」**そう思った私は、手持ちのローションで毎日30分のパックをはじめてみました。これが、現在の**岡江流ローションパック**のはじまりです。

でも、実は、すぐに結果は出ませんでした。私の肌のダメージが大き過ぎたんです。ですが、そのときの私は、31歳。たとえ、1週間や、10日でダメでも、あきらめない忍耐力がついていたんです。このまま3か月でも結果が出るまでやろう！　と毎日せっせとローションパックを続けました。すると、**3週間と3日目に、突然肌のクスミが取れ、しっかりとうるおって、毛穴がしまり、肌の様子が変わったんです!!**

それはそれは驚きました。ローションパックで素肌は確実に変わる！　これが見事立証された朝でございました。

以前、皮膚科に通っていたお客様が、私の美容講演会に来て、肌相談にいらっしゃいました。「どんなにお手入れしても、乾燥がひどい」そんなお客様には、まず、うるおいを！　と、ローションパックを2か月やってもらいました。

そうすると、2か月後、お医者様が驚くほどの透明感と肌弾力を取り戻し、見違える美肌になっていました。

結局通院も止めて、50代の彼女は、今30代のようなお肌をキープしています。

1日2日ではなく、1週間でも2週間でも、人生をかけてローションパックをやった人からお肌は変わっていきます！

もし、これが嘘だったなら、今私はここでこんな美容本は書いていません！

それくらい人生を変えたのが、魔法のローションパックでした。

岡江流ローションパック

❶ キッチンペーパー（一般的なスーパーで販売されているもの。私はリードを愛用）を1枚手に取ります
❷ ❶を半分に切って、それを半分に折ります
❸ ❷を自分の頬の大きさに合わせて切ります
❹ 余った部分で額と鼻用に切り出します
❺ これらを化粧水に浸して、顔に貼りつけます

1日1回30分、家事をしながらできるローションパックです！

まずは黙って1ヶ月、ローションパックを続けてみましょう！美肌の転機がそこにあります

03 間違ったクレンジングはオバちゃん肌のモト

化粧品は油性なのに、クレンジング料で撫でると、お湯に溶けて流れていく……。油が水に混ざるなんて!?　まさしく魔法！　これが、歯磨き粉や食器洗剤にも入っている石油系界面活性剤のお仕事です。

実は、この魔法の原料が、あなたの肌に甚大な被害をもたらしているんです。

30代から目元のシワなどでお悩みの女性の多くは、確実にこのクレンジング料にやられています。**石油系界面活性剤は、皮膚を薄くし、肌の水分をど**

んどん蒸発させてしまいます。

ジェルタイプ・クリームタイプ・乳液タイプでも、洗い流すなら、石油系界面活性剤が、大抵3割弱入っています。

これを**一度使うと、肌のバリア機能を壊し、保護機能が最低4日間壊れてしまいます。**ですので、これらの薬品が入っている化粧品を知らずに数年愛用すると、**肌は乾燥するし、鼻はいつもテカテカだし、毛穴は開いてるし、目元はシワシワ、ほうれい線くっきり……**なんてことになるんです。

今から7年前、無添加生活を数年来過ごしていた私は、ある時、北海道旅行で化粧ポーチを忘れたことがありました。そこで、昔使っていた、コンビニエンスストアで売られているオイルクレンジングを使ったことがあります。ところが、それまでの、うるおい元気肌が一夜のクレンジングで、野良犬に荒らされた畑のような肌になってしまったんです！

私はその時、過去の自分がどれほど恐ろしいモノを愛用し、自身のお肌をダメにしてきたのかを、まざまざと思い知りました。

つけるモノにはお金をかけるけど、落とすモノにはお金をかけない。これ、ほとんどの日本人女性に共通する特徴です。お肌のお手入れに使う化粧品にはお金はかけるけど、クレンジング料はドラッグストアやコンビニエンスストアで売っている1000円前後のモノで十分だと思っている人は多いのです。

そんなクレンジング料が、**お肌の乾燥を招き、目元にシワを刻み、シミをつくる諸悪の根源**だと言うのに……。

一度勇気を持って、今使っている洗い流すクレンジング料を止め、ちょっと手間でベタベタするけれど、**天然オイルでのメイクオフや、石油系界面活性剤が使用されていないクレンジング料を使ってみてください。**それだけで、肌の色が白く、毛穴が目立たなくなり、化粧品の効きがアップして、見違えるように肌が変わります！

それだけで、肌の色が２トーン上がることもあります。

ちなみに、石油系界面活性剤が入っていないクレンジング料は、あまり売られていません。無添加化粧品で探して、メーカーに電話して、原料について一度、問い合わせてみましょう。また、植物由来の界面活性剤使用と明記されているクレンジング料をおすすめします。

クレンジングを見直せば、納得できるアンチエイジングの第一歩です

04 ぷるぷる肌は無添加洗顔でつくる！

化粧品のさまざまな広告を見ると思います。毛穴の汚れをかき出す洗顔料！　使うだけで肌が白くなる洗顔料！　ほんまかいな〜〜〜、そんな洗顔料あるんかいな〜〜〜と思ってしまうようなモノが、世の中にはたくさんあります。

私もいろんな洗顔料を試しました。

1個1万円の洗顔料を使ったこともあれば、1本850円で売られている洗顔料を使っていたこともあります。でも、その差は、洗った後につっぱるかつっぱらないかだけだったように思います。

その後、さまざまな洗顔料を研究した結果、**美容成分や保存料が、ひとつの洗顔料につき8%を超えると、泡が立たない**ことがわかりました（固形石鹸も、クリーム状のものも全てに共通）。つまり、「美容洗顔」と言われる洗顔料で、美容成分がたくさん入っているのに、しっかり泡が立つというのは、〝洗顔料〟として、ちょっとオカシイのです。

つまり、その洗顔料の泡は、洗浄成分ではなく発泡剤でできているのです。

汚れを落とすのは、発泡剤ではなく界面活性剤です。石鹸は、油と苛性ソーダでつくります。これを混ぜて固めるときに、自然の化学変化によって、界面活性剤がつくられます。これが油脂汚れを落とし、全身をキレイにしています。**〝発泡剤〟はあくまで泡。洗浄力とは、別物です。**

何をもって洗顔料は洗浄力を発揮するのかを研究した結論は、**洗浄力とは、天然の界面活性力と泡のキメの細かさで決まる、ということです。ですから、**

使うべきは「無添加洗顔」なのです。

自然の恵みである**無添加洗顔は、泡立ちの質で洗浄力が変わります。夜の洗顔は、1日の汚れがいっぱいついているので、洗顔料を手にとって、すり潰すようにつくった絹泡洗顔！　朝は、洗顔料をちょっとだけ取って、チョロッと泡立てるフワ泡洗顔！**　こうやって使い分けることが、無添加洗顔の効果を最大限にいかす方法です。これは、ただやたら泡が立つ発泡剤洗顔料では見られない変化です。これを毎日続けると、汚れはキレイに落ち、毛穴もキュッと締まり、お肌がぷるぷるになります！

洗顔とは、そもそも顔を清潔に、美しく、健やかに保つもの。余計な化学薬品や添加物は必要ありません。洗浄目的をしっかり持った無添加洗顔で、泡立ちをコントロールして洗うのが正解です。

朝から必死で洗いすぎると、乾燥が進んで、無駄に老けますよ（笑）

合成洗顔料ではなく、洗浄力の高い無添加洗顔料で洗うのがベストです

05 美容液選びの正解は濃度

美容液は、誰がなんと言おうと濃度が重要です！

有効成分が5％や10％と高濃度に配合されている化粧品を見つけることが、一気に美肌へとジャンプする方法です。

美容液、セラム、エッセンス……名前は違いますが、全部美容液です。化粧水よりドロッとしていて、リッチなテクスチャーで、絶対的に化粧水よりは高級なところに位置する化粧品です。

今あなたが愛用している美容液の中に、どれくらい美容成分が配合されているか知っていますか？
実は、美容液にはこんな疑問があります。

❶美容液に記載されている多くの美容成分。その配合量はどれくらいなの!?
（すべてが０・０１％だとしたら、１００種類入っていても１％。そんなに少量で肌に効果が出るの？）

❷ドロッと濃厚なように感じても、そのとろみは、実は増粘材!?
（増粘材は片栗粉。ドロッとしたテクスチャーの化粧品にはたいてい入っていますが、そんな化粧品にはたいてい有効成分が見当たらない!?）

❸天然成分でつくられている化粧品。でも、その効果効能はケミカル薬品が発揮している!?

❹ラインで使っている美容液。内容成分は、同じラインの化粧水とほぼ同じ!?

実は、この4つの疑問、私が美容家になって一番最初に持ったものでした。でも確かめることはできません。その美容液をつくっている工場に見学に行ったところで絶対見せてはくれません。

そうです。使用する側は、効果が出ても出なくても、化粧水の1・5～2倍のお値段の美容液を、盲目的に使うしかないのです。

そこで私は、ありとあらゆる人脈とコネを使って、素人では手に入らない天然美白成分をたった100ml手に入れました。それを化粧水で薄め、10%美容液をつくったんです。

そして、日焼け跡はなはだしい浅黒い腕やデコルテにすり込んでみました。すると、あら不思議！　それまで日焼け止め嫌いで、焼けて元に戻らなくなっていた浅黒い32歳の私の体が、一週間でみるみる白くなったのです。10日経つ頃には、子供の頃の白さに戻っていました！

これには、さすがに驚愕！

この時に気付いたのは、美容液は濃度！

0・5〜1％の化学薬品で美白するより、10％の天然成分の方が威力は上！　ということです。

美容液を選ぶ際には、有効成分が〝何％配合〟と明記されているモノや、フリーダイヤルなどで何％配合と、しっかり教えてくれるメーカーのモノを選ぶのが正解です。

たっぷり化粧水のあとの高濃度美容液は、あなたの肌人生まで変えてくれるのです！

06 ハーブがあのコとの差をつける

私は、完全な無添加党ではありません。やはり製品を安定させるには、ある程度のケミカル素材も必要だと考えているからです。また、無添加だから、安心だから、と使い心地の悪い物を使い続けるのもあまり気が進みません。かといって、効果効能、美肌効果はすべてケミカル成分でOK♪とも思いません。

薬は、ある一定の効果しかありません。

0・1％には0・1％の、1％には1％の、10％には10％の効能はあるのですが、やはり副作用などが心配です。ですから濃い方が効く！　と安易に思いがちですが、化学薬品の乱用には、怖い結末が待っていたりします。

そもそも化粧品とは、どういう目的のモノか知っていますか？

法律で化粧品とは、「お肌を健やかに保つもの」であり、シミを消したり、シワを消したりするものではありません。効果効能があるものは全て、医薬品。そういった薬は国がしっかり保護し、容易く使えないようになっています。ですから、**化粧品は効果が出てはいけないし、変化があってはならないモノなのです。**

医薬部外品も同じです。医薬部外品とは、薬のように効きそうなイメージがありますが、逆です。医薬品の外のモノですから、やはり化粧品と同じ部類になります。

初めて化粧品を開発することになったときに、20社くらい手当たり次第に飛び込みで話を聞き回ったことがあります。すると、ある化粧品製造メーカーの担当者がひと言、

「岡江さん、あなた、どんな化粧品をつくりたいの？　ぷるっとした化粧品？　翌朝ハリの出る化粧品？　肌が柔らかくモチッとする化粧品？　だったらね、適当に印象のいいハーブとか入れて、そういう薬を0・1％ずつ入れるんですよ、そしたら翌朝何かしら変化があって、女の人は『もしかしたら、これでキレイになれるかも!?』と思って2〜3本リピートしますよ〜」

と笑って言ってきたんです。私は本当に幻滅し、不信感でいっぱいになりました（そのメーカーとは一切やりとりは止めました）。

私たちが化粧品を切り替えたときに一瞬感じるあの効果は、その薬品のまやかしでしかありません。

ですから何年使い続けても、初日の変化以降はたいして変わり映えすること

となく、毎年一定の速度で老化してしまうのです！

そこで、おすすめするのが天然ハーブの贅沢使い！　天然ハーブなら拒否反応もそんなに出ないし、薬と違って効果は遅いかもしれませんが、愛用すれば愛用するほど嬉しい結果に繋がります。

息の長い美肌を目指すには、天然ハーブを長く愛用し、漢方薬のように続ければ、その美肌に差が出てくるようになります。例えば、〝アロエベラ20％配合ゲル〟だったり、〝ローズエキス10％高配合化粧水〟など、ハーブの美容効果を謳っているモノなどです。

スバリ、ハーブであの娘と差をつけろ！　私が10年続けたマル秘ポイントです。

生薬を使い続けることで、薬に負けない美肌を手に入れましょう

07 乳液があなたを、ブスにする

私は乳液を使いません！　厳密には乳液を10年前に止めました。乳液は本来、化粧水で整えた後に、油分を足す目的でつくられています。若い時には乳液を塗って終わりの人も多いでしょう。そして中高年になると、美容クリームを塗ります。ここでいう美容クリームはスペシャルケアに位置するわけですが、美容クリームを塗るのなら、乳液は必要でしょうか？

美容クリームと乳液を比較してみると、両者の違いは濃度です。ようするに美容クリームは水が少なく、乳液は水が多いということです。

乳液と美容クリームに共通する部分は、両方白いモノだということ。その理由は、油と水が混ざっているからです。永遠に混ざらないはずの水と油を、混ぜた状態で製品にしようと思うと、クレンジング料と同じように、乳化剤（石油系界面活性剤）を使用しなければなりません。

水と油を混ぜて安定させたいとき、水分が少ない美容クリームと、水分が多く含まれる乳液とでは、どちらの方が界面活性剤の使用量が多いと思いますか？　答えは簡単ですよね。もちろん、乳液です。

更に、乳液にはもう一つ大きなリスクがあります。それは保存料です。水の含有量の少ない美容クリームと、多い乳液、腐りやすいのはどちらでしょうか？　これももちろん乳液です。ですから乳液を長持ちさせようとすると、自ずと保存料の配合量が増えてしまいます。

乳液と美容クリーム、それぞれ使う目的は油分補給です。しかし、**乳液を**

選ぶことで、肌に良くないといわれる石油系界面活性剤も、保存料もより多く使ってしまうことになるのです。

そうであれば、美容クリームの方がいいということです。私の肌のお手入れは、化粧水のあとは、もちろん乳液ではありません。ここで使うのは、美容液。そして、美容クリームは朝使っています。

惰性や習慣でやっていることを見直そう。
中には無用のアイテムもあるということを知りましょう

08 美容クリームで笑顔がタレる

毎晩のエイジングケアである美容クリームは、1日も早く止めるべきです！　そのまま続けてしまうと、**顔がタレてしまいます**。全ては私の体験談と、さまざまな美容相談の経験に基づいて出て来た結論です。

美容クリームで若返るというのは幻想なのです。ですから私は、眠る前のクリームは一切使っていません。

乳液の項目でも書きましたが、乳液もクリームも油からできています。

油は本来、皮（皮膚）に馴染むものです。もし、あなたの家の皮張りのソファーが固くなって、肌触りが悪くなったらどうしますか？　皮革用クリームを塗りますよね？　すると、固くなっていた皮は、柔らかくなってツヤが出ます。これは、まさに私たちの肌と同じ現象です。

ソファーの皮なら、1年に1度くらいクリームを塗れば、お手入れが済みますが、私たちはキレイなりたくて、毎晩365日、美容クリームを塗り込んでいます。確かに翌日、ツヤのある柔らかい肌に変わるのですが、これを毎日毎夜やるということは、過剰ケアだと言いたいのです。

ですから、年々、私たちのお手入れ過剰な肌は、どんどん柔らかくなって、ぷにょぷにょになっていきます。

私たちの皮膚の下には脂肪があります。年々柔らかくなる肌に、年々脂肪が増えていけば、当然タレてしまうのです！

つまり、**美容クリームを使い過ぎると、肌が重力に逆らえずタレるようになるんです。**

もちろん、私も乳液同様、昔は必死になって美容クリームを塗っておりました。3万も、5万もするような高級美容クリームを、乱れ塗りしておりました。

常識で考えれば、すぐわかることなんです。でも、わからない……なぜか!? それは、みなさんそこまで考えてお手入れをしていないからです。

牛さん羊さんの皮ですら、油を塗るだけであれだけ柔らかくなるんです。

私たちの愛用している美容クリームにはどれだけ美容成分が入っているでしょうか? 今お手持ちの美容クリームの全成分一覧表をご覧ください!

それはもう目を見張るばかりですよ。

そんな栄養たっぷりな美容クリームを、みなさんは目の下のタルミ、目じりのシワ、口元のほうれい線にせっせと塗り込んでいます。

塗り込めば塗り込むほど、肌は柔らかくなりますからね。それは、ソファーも私たちの皮膚も同じです。

「美容クリームを眠る前に必ず塗ること」=「アンチエイジング」という考

えは捨て去ってください。

美容クリームの盲信と古いお手入れ概念は捨てよう！
油の与え過ぎはタレると深く心に刻みましょう

09 朝塗ってこそ輝く美容クリーム

私も美しくなるために、美容クリームを一生懸命眠る前に愛用してきた一人です。美容家になって5年くらいの間は、秋から春にかけて2~3個の美容クリームを使っていました。そしてGWが来るころから夏の間は、クリームの使用を一旦停止して、肌の正常化を図っていました。

しかし、あるとき気が付きました。**美容クリームを塗っている秋から春には、顔の皮膚がゆるんでる！**と。

1年間毎日どころか、11月中旬から4月末までの半年間でも、やはり、**毎夜の油分はタレてしまう**という結論にいきつきました。

そこで、私は37歳の時、思い切って**夜眠る前の美容クリーム**を止めてみました。季節にかかわらず、いつでもです。ただ、**朝の洗顔後、メイク前にはしっかり美容クリームを塗るんです。**

そして実験開始から、1年が経ったころ、私の肌をよ〜〜〜くチェックしてみると、一切タレていませんでした。小ジワもキメも毛穴も変わりありませんでした。

少し腹が立ちますよね。世の中では、美容クリームは、夜しっかり塗るものだと、誰もが思っているでしょう。どこの化粧品メーカーも、それを常識として販売しています。

それが、眠る前に塗ることを止めた1年後には、去年よりキレイだったなんて……。

それから6年、私は、眠る前は冬でも美容クリームは使いません。使ってもごく微量です。

今なら、なぜ美容クリームを夜塗らない方がいいのか、理由がしっかりわかります。

人間にとって睡眠が唯一の体の修復時間です。その貴重な修復時間に、過剰なお手入れをしてしまうと、逆に、過保護で甘えん坊の、自分の力で元に戻れないお肌を育ててしまうことになるのです。

肌は自力で立ち上がらせなくてはダメです！

油分で柔らかく自活力のない甘えん坊に育ててはいけません。

例えば、あなたに子供がいて、物心ついた頃から、欲しいものを全て与え、食べたいものを食べさせ、甘やかして育てたとします。

その子が成人して大人になった時、一生懸命働いて、「お母さん、僕に贅沢させてくれてありがとう！　これからは、僕が恩返しするよ」とは、絶対に言わないはずです！　むしろ、いつまでもあなたをアテにして、就職しても続かずに、最後はあなたの年金までもむしり取ろうとするかもしれません

（涙）

あなたのお肌も同じなんですよ。過保護は絶対よくありません。

逆に、朝のメイク前はたっぷり塗ります。

なぜなら、日中にエネルギッシュに活動すると、肌にまで栄養が回ってこないからです。ですから、朝はしっかり栄養補給をする必要があるのです！

美容クリームを使いこなす秘法。それは、夜は最小限、朝は最大限。眠る前の過剰な油分は与えない。

これが、私のタレない肌の秘密です。

1日の中にもお手入れのメリハリを！与え続け、甘やかし続けるだけが極上ケアじゃない

10 シミをつくる本当の原因はなに？

あなたが美しくなるために毎日使っている、そのファンデーション。それは、本当にあなたを美しくするものですか？

できてしまったシミを隠すため、新しいシミをつくらないために、日々日焼け止めや、UV下地クリーム、そして、夏でも化粧崩れしないような、最新のファンデーション……、これらを使っていると思います。

ところが、**このシミを隠すため、できないようにするための化粧品が、シミをつくっているのだとしたら、あなたはどう思いますか？**

大抵の女性はシミができる大きな原因は紫外線だと、認識していますよね。少なくともこの本を手に取られた方なら、絶対に知っていると思います。

でも、本当に紫外線がシミの原因だとしたら、なぜ首にはシミがないのでしょうか。毎日入念に日焼け止めを塗っている顔にシミができて、テキト～に塗ってしまいがちな首には、シミができません。

ここに、私たちの知らない現実と、代々受け継がれてきた間違った常識があるのです。

水に濡れてもオチない日焼け止め
ひと塗りで1日キープできる化粧下地
夜まで崩れしらずのファンデーション

どんな状態でも崩れない、効果が落ちないということは、自然に存在するものとは、まったくかけ離れていると言っていいと思います。つまり、**強力**

なケミカル薬品を、毎日肌に塗っているということです。

更にそこには、汗や皮脂、太陽光などが加わることになります。すると、石油由来ですから、確実に成分は変質します。

しかも、ケミカル成分は粒子が細かく肌の中に浸透しやすくなっています。

ファンデーションやクレンジング料、ハンドクリームによく使われている、保湿の効果を発揮する**流動性パラフィン**。これは安定していて人体に害が少ないと言われていますが、最近では発ガン性が危惧されて、化粧品に使用しないメーカーも出てきています。

また、リキッドファンデーションに使われる**トリエタノールアミン**は、肌への刺激が強く、化粧品がアルカリ性に偏ってしまいます。

他にも、ヘアカラーに入っている**ジアミン**は、長年使うことでアレルギーを発症する可能性があります。頭皮がズキズキ・チリチリ痛くなったり、体が痒くなるなどして、**アレルギーが発症すると白髪染めは使えなくなります。**しかし、この成分が入っていないと白髪に色素が入らず、色もすぐ落ちてしまいます。私の母もアレルギーを発症しました。

結局、あなたが肌に塗っている、その頑丈鉄壁な**ファンデーションや化粧下地が、あなたのイヤなシミの原因になっている可能性がある！**　ということです。

ですから、私は1年中、無添加UVにお粉だけ！　ファンデーションはめったに使いません。

紫外線予防がシミの原因!? シミはいらない努力が招いているのかもしれません

第2章

極上フェイスが生まれる艶肌マッサージ

01 マッサージが招く負のスパイラル

優しいタッチでお肌をマッサージ……これ、マッサージの基本のような気がするのですが、実は間違いなんです。**逆に、これを続けることでお肌を敏感にして、皮膚を薄くしてしまいます。**

はじめてマッサージをするときには、肌色がワントーン明るくなり、キメが整って、顔全体が引き上がる。フェイスラインもシャープに見えるし、ひと手間でこんなに効果があるの？　と、嬉しくて、ついつい毎日やってしまいがちです。でも実は、これが危ないのです。

たくさんの美容本の中で、マッサージはゴシゴシやってはダメ！　特に、目元の皮膚はティッシュ1枚くらいの厚さしかないから、特に優しくしないとNG！　などと書かれています。

そこで、お肌を撫でるようにソフトマッサージをすると、一瞬だけ肌が明るくなり、キメも毛穴も整います。でも、そこで終わりではないですか？

翌朝、まったくいつもの通りの、むくんだ顔だったりしないでしょうか。

ソフトマッサージは、朝の洗顔後に行う人が多く、しかも効果が持続しない分、毎日行っている人が多いのです。洗顔後に化粧水を付けて、乳液をたっぷり塗ってマッサージするんですね。

でも、これは危険です！

これをやっている方は、即止めてください！

まず、**乳液でのマッサージ。私は、特にこれに反対です。**前章でお話しした通り、乳液は石油系の界面活性剤が多く、保存料も多い。これでマッサージをすれば、その薬品がどんどん肌の中に入ります。

また、**毎日のマッサージは、皮膚が薄くなってしまう原因の一つです。**オイルやクリーム、乳液を使っているとはいえ、マッサージは摩擦だからです。毎日毎日表面ばかり擦って刺激を与えていれば、**皮膚はどんどん薄くなり、毛細血管が浮いてくるようになります。**

何年もこのようなマッサージをしている人は、化粧を落とすと顔が赤いことが多いのです。肌のキメは整っていますが、赤ら顔で血管が浮いて、皮膚が薄い。

そして、習慣化している分、マッサージをしなければ、むくみは取れずブス肌になってしまう……。ですから、マッサージせずにはいられない。

マッサージが招いた負のスパイラルです。

そんな負のスパイラルにおちいっている女性の肌を、正常化させるのは大変です。まず、**本来の肌力を取り戻すためにも、マッサージを1か月やめてみませんか？**

優しく撫でる、あなたのマッサージ、逆効果ですよ！

続けていれば、必ず皮膚は薄くなり赤ら顔になります。

優しく撫でるマッサージはもう卒業！
一度浮いた毛細血管はなかなか消えません！

02 取り返しのつかない、盲目的マッサージ

お肌を撫でるソフトマッサージが、あまり良くないのなら、顔の筋肉をグイグイ押し上げる、ハードなマッサージは効果があるのでしょうか？

ハードなマッサージに代表される「顔筋マッサージ」。これならいいだろうと思われるかもしれませんが、**これもまた、私はおすすめしません！**

あなたは、顔筋マッサージをしたことはありますか？

劇的に顔は上がるし、肌は1日を通して白い。毛穴もキメも整って、メイクがキレイにのり、持ちまで良くなります。

お亡くなりになられた、田中有久子《たなかゆくこ》さんが提唱なさった顔筋マッサージ。これが登場した時は、世の中ちょっとした旋風が吹きました。

ただ、これには一つ難点があります。それは、難しいということです。

顔の筋肉は、例えると、ボールにスライス肉を張り合わせているようなものです。

体の筋肉とは違い、節がありません。腕や足の筋肉が緩んでタレることはあまりないですよね？　でも、お腹の筋肉は、すぐに緩んでタレてしまいます。

その理由は、お腹やお尻には節がないからです。

同じように、顔にも節がありません。あるとするなら、顎関節くらいです。あとは筋肉が巻きついているだけなのです。

ですから、太ればタレ、老いればタレてしまうんです。

これを回避するために、筋肉を強くマッサージしてリンパを流せば（顔筋マッサージ）、10年前の顔に戻るというのは、正論だと思います。

ですが、専門知識を身に付けた美容家ならまだしも、読者のみなさんが、本を読んで、正しい顔筋マッサージをやる。これは、かなり難しいと思います。

私が全国で行っている美容カウンセリングには、セルフ顔筋マッサージを続けているお客様もたくさん相談に来られます。そこでよく伺うのが、**顔筋マッサージを止めた瞬間、一気に顔が老婆のようにタレた**、というお話です。

また、筋肉が分断ダレし、頬の下が全部タレてしまった方、お顔が陥没した方まで拝見したことがあります。

筋肉の分断・陥没は、簡単には元に戻りません。サロンでやってもらったマッサージならば、責任の追及もできますが、セルフマッサージでは、クレームのつけようがありません。

ハードな顔筋マッサージは、確かにお顔の変化が著しく楽しいもの。
ですが、やるからには、**基礎を押さえ、顔の筋肉がどのように走っているのかを、しっかりと把握することが重要です。**

素人の顔筋マッサージは危険！
まずは、顔の筋肉の流れを一度学びましょう

03 肩こりならぬ〝顔こり〟

慢性的な肩こりに悩む女性は多いもの。本当に大変ですよね。みなさんそれぞれに、こりの解消法を持っている方もいらっしゃると思います。意識がいかざるを得ない〝こり〟ですが、実はあなたも気づいてない〝こり〟が他にもあるのです。

それは、**顔の〝こり〟**です。

この肩こりならぬ、**〝顔こり〟をほぐすだけで、顔筋マッサージ同等の嬉しい美容効果があるのです！**

実際に、私がお客様にマッサージをして差し上げると、多くの方の顔が固くこっています。そして、ほぐしているだけにもかかわらず、痛くて悲鳴を上げる方が多いのです。

顎関節にかんしては、痛みこそないものの腫れてしまっている人までいます。

顔全体の筋肉をほぐすことは大事です。ですが、重要なのは、**コリコリになっている部分のこり**を、ほぐしてあげることです。

①**顔の中で一番こっているのが、頬です。**頬は顔のド真ん中で何もしていないように見えますが、笑えば上がり、澄ませば下がります。顔の中で一番肉が厚く、鼻の次に高い部分です。

この部分がこっていると、顔がタレている印象を与えやすく、ほうれい線もくっきり入ってしまいます。

②**二番目は額です。**実は、顔がこってくると皮膚が固くなります。若いこ

ろは、驚いて眉毛を派手にあげても、額にシワなんて出なかったのに、中年以降は、驚かなくても眉が動けばミミズが這っているようなシワが出てしまいます。

③次が顎関節です。これはもう関節を動かしているから、としか説明しようありませんが、ここをマッサージすると、たいていの方は顔をしかめてしまいます。

顔のこりが進めば皮膚は固くなります。固くなった肌で表情をつくれば、大きなシワが出るのは当たり前です。

逆にエステに通って、美容クリームを乱用してきたようなセレブマダムは、肌が柔らかいので、ブヨッとして小ジワが多くできます。

つまり、**顔のお手入れをあまりせず、放置してきた人は、小ジワは少ないけれど、表情ジワが多い。**お顔のお手入れを入念にしてきた人は、大ジワは少ないけれど、小ジワが多いということです。

結局、どちらもそれなりに老けていて、年相応になってしまいます。

顔のこりが更に進めば、顔はどんどんボコボコになります。それは太っていても痩せていても同じです。


では、どうすればいいのか。

❶甘えさせ過ぎない基礎のお手入れを続ける
❷血流が悪くなり固くなる肌と筋肉のこりを、週に一度ほぐす

答えは、この二つです。

実は、肩こりならぬ〝顔こり〟。女性にとって、とても大切なポイントです。

「顔コリをほぐすだけ」これが魅惑のお手入れです
ほぐす痛みがコリの証拠！　一気にやらず少しずつ！

04 顔の下水道がつまると顔がボコボコになる

キレイに歳を取るには、体の中に溜まった老廃物を、体の下水道であるリンパへしっかり流さなければ、絶対に美人肌にはなれません。これを怠ると、**ボコボコしたお婆さん肌の顔になってしまいます。**

この老廃物を流すマッサージが、最高の美肌マッサージなんです。

歳をとると大半の人は太ってきます。

若い頃と同じ量しか食べていないのに、ぷくぷく太ります。同時に、むくみやすくもなります。朝起きた時は、むくんでブサイク、夕方になると瞼が落ちくぼんできてゲッソリ、そんな人が多いのです。
もちろん、私もそうです。ちなみに私は、顔に肉があまりつかないタイプなので、朝はむくんでふっくらしています。この顔が、自分の中で一番好きな顔だなんて皮肉ですね（笑）

エステに定期的に通っている人がキレイなのは、**リンパをきちんと排出し、整理整頓ができているからです。**ですから、それなりに年齢感があってもキレイなのです。

老廃物を排出する役割を持つリンパが詰まれば、滞っているその場所に、老廃物が溜まり、山積みになってしまいます。
そうなると、いくら顔立ちが良かったとしても、顔がボコボコしてブスになってしまいます。

ここまで、ソフトマッサージや筋肉マッサージについてお話ししてきました。たしかに、キメやくすみなどの表面も大切、筋肉にアピールするのも大切です。

しかし、もっとも重要なマッサージの役割は、**顔の中で滞っている老廃物を流してあげることです。これをできるマッサージが、一番効率よく、キレイになる最善のマッサージなんです。**

リンパとは、まさに、私たちの体の中の下水道です。

ですから、筋肉をマッサージしているようにみせかけて、その奥にあるリンパを流してあげるのが正解です。

これさえしていれば、むくみづらくなり、若々しくキレイな印象になって、引き上がった顔の、若々しい笑顔になります。

ポイントは筋肉の下！
リンパという下水整理が一番の決め手です

05 〝50歳でもキツネ目〟を目指す!

いつまでも20代のような張りのある顔の人には、共通する、ある一つの法則があります。それは、**皮膚の下にある、筋肉の流れに沿って美容クリームを塗っている、**ということです。

皮膚に油分を与えれば与えるほど、皮膚は柔らかくなります。

ですから翌朝、美容クリームの効果で肌がふっくらしているように見えても、皮膚が柔らかい以上、表情が動けばシワが前日以上に入りやすくなります。これでは、ケアをすればするほどシワがなくならない、と言っても過言ではありません。

ですから、**シワに沿って塗るのではなく、筋肉の流れに沿って塗ってあげるんです。**つまり、シワに対して直角に美容クリームを塗るということです。ほうれい線ケアでは横に塗り、目尻のシワに対しては縦に塗る。直角に塗るということです。こうすることで、お肌の中の筋肉がふっくらしてきてシワが目立たなくなります。シワに沿ってクリームを塗る！　これ、最大のNGです。

目じりのシワが気になるからといって、美容カウンターでアイクリームを買えば、店員さんは「目尻に沿って、シワの溝に擦り込んでください」と必ず言います。

ほうれい線も同じです。ほうれい線を消したいから、みなさんその溝に沿って、クリームを塗るのです。これでは、逆効果です。

顔の中で、特に表情ジワが気になってくる40代・50代の女性には、いつもこのアドバイスをしています。10年、20年の習慣で刻まれたシワですから、さすがに、なかなかゼロにはなりませんが、みなさん本当に目立たなくなります。20代、30代の女性ならなくなる方がほとんどです。さすがに、子供の頃からほうれい線がある顔立ちの女性などは、骨格の問題なので難しいですが、気づいてからの早めのケアで、どんどん改善するのは事実です！

キツネ目のような引き上った目元は、シワではなく、その下の筋肉に対してアプローチするのが、ベストなケアです。

額も目尻も口元も、シワケアするならシワに対して直角に！シワに沿ってのお手入れは絶対禁物です

06 甘いものがコラーゲンを破壊する

貴女は甘党ですか？　辛党ですか？

基本女性は甘党でしょうね。たぶん、9割が甘党ではないでしょうか!?

日本はスイーツ激戦区であり、それに対価を支払う女性がたくさんいます。でも、実はこれ……ものすごく危険な現実なんです。

甘いモノ、砂糖は顔をタレさせるのです!!

この私たちの心を虜にして離さないお砂糖の変化形、お菓子が私たちを思いのほか老けさせているんです！

取りすぎた糖分は体内に入って、一旦タンパク質と結合し、そのタンパク質を破壊します。これを「糖化」と言います。この破壊されてしまうたんぱく質とは、私たちの持っているコラーゲンなんです！

私たちの皮膚組織を保っているコラーゲンと結合して、その繊維質からダメにしていきます。

ですから**皮膚そのものがどんどん劣化して、シミ・シワ・たるみの、原因・引き金となり、ぷにょぷにょの肌になってしまうのです。**

糖化は甘いモノだけに起きるのではありません。スパゲティにうどん・そば・ご飯などなど、**糖質を含むものは全て糖化の危険をはらんでいます。**現代人は炭水化物の取り過ぎだと言われます。この炭水化物の取り過ぎは、美容だけでなく体調までオカシクしてしまいます。

糖質を摂るな、とは言いません。逆に疲れたときに摂れば、素早くエネルギーチャージでき、効率よく活動することができます。毎日の生活の中で必要不可欠なものであるのも確かなのですが、取り過ぎが怖いのです！

お肌をキレイにしたくて、しっかりお手入れしているのに、毎日のスイーツで顔がタレて、肌の老化を促進している。とは、何とも皮肉な話です。

また、**糖分の取り過ぎは、肌の炎症も引き起こします。**これが進むと、毛細血管を痛め、修復するために、血管が太くなり、顔に血管が浮いてきたりもします。


私がよく例え話として話すのは、10代のおっぱいと40代のおっぱい、どちらが固いですか？　もちろん10代ですよね？　ハリがあって形も良くて、触ってもちょっと固い感じがしますよね？　でも40代は……はい、もう皆まで書けませんが、ぷにょぷにょです。

肉がぷにょぷにょになっていればタレてしまいます。ほっぺたがタレているお婆ちゃんを見ていると、いつも何か口に入れています。おはぎ、たい焼き、みたらし団子……数え上げれば切りがない。

最近の若い女の子の話でびっくりしたのが、お菓子を食事の代わりにしているということ。朝からケーキを食べて出勤。お昼がお菓子……など。そういう子のほっぺたを触るとぷにょぷにょです。

砂糖の魔力恐るべし！　解決策は控えることしかありません。
実は、私も甘いモノが大好き。チョコレート大好き女なんです。
あなたは、甘党ですか？　辛党ですか？
辛党であれば、既に勝者に近いですね（笑）。羨ましい限りです。

まずは砂糖が悪いことを知りましょう
知れば口にする量は減る。まずは知ることがポイント

07 貪欲の落とし穴

私は月に2日ほど、美容相談室なるお電話を受けていたりします。するると定期的に必ず受ける質問があります。それは……

「○○さんのおすすめする顔筋体操をやって、○○さんのおすすめしているフェイスマッサージをやって、そしてそして、岡江美希さんのおすすめしている美顔器を毎日やっているんです！　しかもスイッチを強にして！　そ……そ…そうしたら、先日一気に顔の半分がタレたんです10歳若返るどころか、10歳老けてしまいました！　岡江さんどうしたら治りますか？」

こういう質問が実際に何件もあるんです。

それはそれは気の毒で、聞いてる私の方が耐えられません（涙）

だいたい年齢は45歳前後、恋人や旦那さんが10歳年下などというケースがほとんどです。もう涙なしでは語れない話です。

若い恋人を引き留めるために、いつまでも変わらぬ私でいたい。更に美しくなって、もっと彼のために魅力的になろう！　と思う気持ちはわかります。ですが、運動もせずに生きてきた人が、突然バーベル運動をはじめたらどうなりますか？　一気に腰を痛めてしまいますよね!?　これとまったく同じこと。特に顔は〝ボールにスライス肉〟ですから、**過度の負荷をかけ過ぎれば、ある日突然、拒否反応が出て当然です！**

一度こうなってしまった顔を、元通りにするのは不可能に近いと思います。壊すのは簡単、治すのはお金も暇も何倍もかかります！

まず、そうなった場合、**今までやってきたお手入れを一切止めてください。**

そして、お肌の改善に効果がある食事に切り替え、高分子のコラーゲンを取ってください。

まず、**疲れて疲弊した筋肉を癒してあげましょう。**

そして、

❶ 鮭の切り身を毎日食べる

❷ 炭水化物を控える

❸ 鶏肉の胸肉など、しっかりタンパク質を摂る

❹ フレッシュな果実のビタミンを、たんぱく質と共に摂取

右の4つのポイントを抑えた生活を1か月くらいしていると、顔自体が元気になってきます。すると、もう一度リフトアップ体操をしても耐えられる顔になってきます。

そうしたら、今まで1日でやっていたあれやこれやを、**1種類ずつ順番に**

やるのです。今日はマッサージ、今日は美顔器、今日は体操……。
そうすると、少しずつ元にもどり、顔が上がってくると思います。

ただ、完全に元に戻るかどうかは、個人差があります。
欲張り過ぎはよくないですよ。
美容家でもそんなハードトレーニングやりませんからね（笑）
欲望の陰には、落とし穴があるんです。くれぐれも気を付けてください！

アンチエイジングメソッドも一気はＮＧ お手入れのやり過ぎにご注意を

08 〝抜けが け美人〟は隠れてリフトアップ

先ほどの話や、お手入れのやり過ぎで、逆に笑うとシワだらけになってしまった話など、涙なくしては語れない話がたくさんあります。

では、どれを信じて若返りのお手入れをすればいいのよ!? と思われる方もいらっしゃるかもしれませんね。

これは大切なことなのですが、まず、**美容本で紹介されているその方法は、キレイになれる確証があるのか？　まずは、その疑問をあなた自身が持つべきです。**その美容の先生がその方法で美しくなったからと言って、自分もその通りの美しさが手に入る保証があるでしょうか。

更に言うと、キレイになるどころか、やり過ぎてブスになってしまったとき、誰か責任を取ってくれるのでしょうか。

いいえ、誰も責任なんて取ってくれません。


私たちは書籍や情報を通じてメソッド（手法）を学んで体験したことを発信しているだけです。それを乱用したとしても、発信者は責任の取りようがありません。

購入された刃物で人が刺されたとしても、刃物を売っているお店は、責任は取れません。買った人の自己責任です。

ですから、**まずは、良いことも悪いことも、できる限りの情報を集めましょう。**その上で、**徐々に、徐々に、自分のお顔と相談しながら、結果に繋がるポイントを見つけていくのです。**

私のように顔に脂肪があまりない人と、ぷっくりポチャポチャのお嬢さんタイプの顔の方が、同じようなマッサージをゴリゴリやっても、同じ結果にはならないし、もしかすると、とんでもない結果になる可能性だってあります。

でもそこを知っていたなら、ポチャポチャ顔のお嬢さんは、頬をゴリゴリやり過ぎず、顔に老廃物が溜まらないようにするリンパマッサージだけで、小顔になったりもするんです。

なんでもまず、**知ることが大切です。**

実践は、それからでいいんです。

その中でも、リスクの少ないリフトアップ方法を1つご紹介しましょう！

まず、これをやる場合は、人の居ないところでやってください。できればトイレが一番安心かもしれませんね（笑）

リフトアップエクササイズ

❶ 姿勢よく座り、腕を少し後ろにまわし、肩甲骨を締めるようにします
❷ 真上に顔を向けて、首の筋が張るところまで顔をあげます
❸ 口を「あ〜・い〜・う〜・え〜・お〜〜〜〜」の形に、大きく開けます

これは、気のすむまでやっていただいて大丈夫です。

顔の輪郭がスッキリする上に、頬の余分なお肉が取れてきます。

これを本気でやったなら、翌日、顔の筋肉がちょっと筋肉痛を起こします。

これくらいがいいんです。

顔のリフトアップに、強力バネのついた体操器具などもありますが、顔はボールにスライス肉ですから、過剰な運動を、毎日するのは危険です。

トイレに隠れて**リフトアップ体操を1〜2分！**

1日3回もやれば十分でしょう。

フェイスラインの変化は2週間くらいでわかるようになってきます。
小顔効果もあるし、お金もかかりません。

ただ、人に見られると、ちょっと変わった人だと思われてしまいますから気を付けてくださいね（笑）
私も思い出したらやるというスタンスで行っていますよ。真剣に親の仇のようにはやっていません。
それでも十分、抜けがけ美人になれるのです♪

トイレにこもって魅惑のフェイスリフトアップ こっそり楽しみながらが、最大のアイテム

09 勝負どきの「即効シワ消し法」

私、笑うと、シワがすごいんです!! と言う方、結構いたりするのではないでしょうか?

鏡の前に立ったとき、澄ましたお顔でメイク直しをしている自分は、まんざらでもありません。でも、写真なんかを撮ったときに、自分の思う以上に目の周りにシワがよっていたり、ほうれい線が出ていたりすることはありませんか?

そんなとき、脳裏を横切るのが、「ああ、どこかいいエステがないかしら!?」とか、「更に高級な美容クリームにでもすがろうか……」ということ。でも、そんな必要はありません！　きちんと自宅で即効のケアができる素晴らしい方法がありますから！

そもそも、「あっ、シワがある！」と思った瞬間、**新しい小ジワを見つけた瞬間が、お手入れベストシーズンです！**

人にはいろいろな環境の変化、体調の変化があります！　どうしても、日々の変化で乾燥が進んだり、不本意なお手入れ不足・寝不足で小ジワがよってきたりします。ですから、常に自分の顔を見るときは澄まし顔ばかりでなく、笑った顔もチェックするんです！　毎朝起きたら歯を磨くときにチェックする習慣をつけると、すごくいいと思います。

軽症なウチに手を打つ！　これが不老の一番大事なポイントです！

では、そんなシワケアをどうしたらいいか……。

❶ ローションパックと保湿用またはシワ用美容液を用意します

❷化粧水をたっぷり手にとってパッティング
❸手のひらで肌を押さえるようにして化粧水をしみこませます
❹美容液を塗布します
❺その上からローションパックをします
❻そのまま15分置きます
❼気になるシワをダイレクトにマッサージします！

シワは、例外なく筋肉の収縮に対して直角にシワが入ります。

額なら頭皮と眉毛の部分が縦に縮むから、横にシワが入るのです。
口は横に開くから、縦にシワが入るのです。
目の周りは、筋肉が円を描くように流れていますから、カラスの足跡のように、放射線上にシワが入るのです。

ですから、その筋肉……シワが入る方向ではなく、筋肉の流れに沿ってほぐしてあげるのです！　額なら縦にほぐす。目元なら円を描くようにほぐす。口元なら横にほぐす。

そうやってほぐすことで、筋肉が元気になりシワがよらなくなります。それからメイクをすれば、その日は1日中いつもよりシワが薄く、いつもより3歳若い私でいることできます♪

ポイントはうるおわせて、シワケアして、筋肉を元気づける！勝負の日、これは外せませんよ！

最大のエイジングケアは、筋肉を元気にしてあげるところにあるんです！

第3章

石ころもダイヤモンドに変える豆乳ドリンク

01 豆乳パワーでジューシーな体に

そもそも豆乳なんて、豆の乳なんて飲めるか!? というのが私の本音でした。豆乳に出会ったのが、13年前の夏。私が30歳前後だったと思います。

当時私は六本木でレストラン&バーをやっていました。土地柄、夕方から朝方まで営業しているレストランでした。

毎夜毎夜、朝方までお店に出て、そして昼は昼でお仕事をして、というハードな生活を4年ほど続けていた時期でした。

当時の私の肌は、もう、そんな生活の代償で、シミだらけ。毛穴は開いて、笑うとシワ、化粧はのらない。（ちなみに、毎晩使い捨てコンタクトレンズを入れたまま寝てしまうので、眼球の形が変形！　コンタクトを入れても風が吹くと、外れて飛んでいく状態でした）

それでも、高級基礎化粧品＋エステ＆高級メーキャップでなんとか、顔を保っていました。

しかし、1日でも化粧をしたまま寝てしまうと、顔は真っ赤に腫れ上がり、翌日痛々しくてメイクをしたくなくなる程、ひどい状態でした。

そんなある日、銀座のある高級クラブのママさんが食事にいらしてくださって、こんな話をするんです。

「目を疑うほどの美肌を持った中国人女性がいるんだけど、どんな肌のお手入れをしているのかを聞いてみたら、実はなにもしていなくて、毎朝温めた豆乳をカップ1杯だけ飲んでる！って言うのよ！」

当時ワラにもすがりたかった私は、早速翌日に豆乳を購入、家で早速温め

て飲んだら……一気に全部、吹き出しました！　あんまりまずくて（笑）
それでも、その美肌中国娘にあやかりたくて、調整豆乳を買ってきて、これなら飲める！　と毎日毎日飲み続けました！

1週間たち、1か月たち……2か月たった頃でしょうか、あることに気づきました。それは、肌の赤身がほとんどなくなっている、ということです。

しかも、色が白くなり、なんとなくうるおって、毛穴もそれほど目立っていません。

更には、お化粧をしたまま寝てしまった翌朝も、お肌は腫れていませんでした。

それから半年ほどして、試しに、何日連続でメイクをしたまま眠ると、顔が腫れるのかを試したところ、三日は大丈夫でした！


これには私も驚いて、**食べ物・飲み物の効果が、こんなにお肌に出るんだ！**

とはじめて知った瞬間でした。気付けば、肌はぷるんとして、水を弾くようになっていました。

あれから13年、欠かすことなく、今日も豆乳を飲んでいます。

継続は力なりとはよく言ったものです。

大豆は畑の牛肉です！　かどうかは私もわかりませんが、大豆の栄養は長生きの秘訣でもあるようです。実際に私の95歳の祖母は毎日毎日大豆三昧。

まずくて飲めないと諦めずに、なにか工夫をして飲めるよう、是非チャレンジしてくださいね！

美肌にはビタミンよりもタンパク質
豆乳で美肌とトラブルに強い肌をつくります

02

無添加豆乳が無垢なお肌への近道

どんなに肌にいい食品も、**添加物が入っているのなら止めるべきです。**

私たちは無意識のうちに大量の添加物を摂取しており、気づかないうちに、その影響を受けています。

現在、私たちが口に入れている食べ物に含まれる添加物の量は、年間でボーリングの玉ほどの大きさになります。どんなに体や肌にいいものを日々摂取しても、その中に大量の保存料や乳化剤、発色剤が入っていては、お肌の表面のザラザラや吹き出物は収まりません。

今でこそ、無添加豆乳を毎日飲んでいる私ですが、さすがに最初はまずい豆乳に慣れるために、乳化剤等の添加物が入っているものを無理して飲んでいました。それが、イヤでイヤで半年ほどした所で、ようやく豆腐のできる豆乳や、豆腐屋さんの豆乳が飲めるようになり、無添加に切り替えることができました。

あなたはカレーが好きですか？　ある食品メーカーが発表したデータによると、日本人は1年に78回、週に1回以上、カレーを食べているそうです。1週間に一度はカレーを食べたくなります。というのも、実はカレーには中毒性があるのを知っていますか？

お母さんがつくってくれるカレー、スーパーで買ってくるカレールーの箱の裏面を見てください。**大量の添加物の名前が記載されています。**

実は日本の美味しいカレーには大量の添加物が入っており、子供の頃から食べている日本人は、確実に添加物中毒なんです。
その証拠に、私は30歳でカレーを卒業しましたが、それまでカレーライスは週に一度は食べてましたから最初の1年は、本当に苦しかったです。
でも1年を過ぎた頃から、カレーを食べたいという衝動がなくなり、たまに出先でチェーン店や缶詰のカレーなどを食べると、てきめんに気持ちが悪くなってしまいます。

私たちの体は、今食べているモノでできています。

人間は、肉ばかりを食べていると、体臭がきつくなって、年齢と共に加齢臭もきつくなります。**添加物ばかりを食べている人は、息が臭いのです。**

豆乳を飲むと、お肌はストレスやダメージに強い肌質へ変わっていきます。質感も透明感もとてもアップします。

しかし、そこに添加物がたっぷり入っていたらどうでしょうか。

調整豆乳を飲んでいた時と、無添加豆乳に切り替えた後では、肌質が格段に変わりました！

最初は抵抗があるかもしれませんが、たとえ無理でも努力をして無添加のものを飲める自分を目指しましょう。

そこから一気に無垢なお肌に加速します。

私はもう10年以上、無添加豆乳を飲んでいます。

肌も体も全ては口にしたモノでつくられている
何を選ぶのかを意識することが大切です

03

豆乳に最強タッグを組ませちゃおう！

せっかく豆乳を飲むなら、更にバージョンアップさせて、もっと美肌になるドリンクを飲みましょう！

試行錯誤の結果、現在は、豆乳にコラーゲン・黒ゴマ・冷凍青汁・にんにくサプリメント、蜂蜜を一緒に入れるようにしています！

豆乳だけより何倍もの美肌効果があります。

これがなければ今の私は語れません。

私は、この特製豆乳を「美容ドリンク」と名付けて、10年以上飲んでいます。

豆乳を飲みはじめてから、自然の栄養が徐々に自分の肌に嬉しい変化をもたらしてくれていることを実感するようになりました。

美容ドリンクには、今私が気になっている栄養成分を全部入れています。もともと私は、豆乳以外に、飲んでいたサプリメント数種類を、時間差で飲んでいましたが、めんどうになり、これを一気に混ぜて飲んだらどうなるんだろう……と思ったのがキッカケでした。また食事なども、栄養学的にも少しずつたくさんの種類から栄養を摂った方がいいと言われています。

＊コラーゲン……高分子のものを大さじ1杯（ハリ・弾力）
＊すりごま……小さじ1杯（セサミン・亜鉛）
＊にんにくサプリメント……粉状のものでもOK、適量（強い肌をつくる）
＊冷凍青汁……1パック（野菜不足を補う）
＊蜂蜜……大さじ1杯（免疫力アップ）

たまに**酵素**を入れたり、**ローヤルゼリーを一緒に飲むこともあります。**基本、ルールはありません。

しかも、**複合的にタッグを組ませて飲んだ方が体への吸収もよい**ようです。

手間なし、簡単、高栄養ときて、更に美肌になって返ってくるという、なんとも嬉しい一石二鳥の荒業です。

私は朝食をこのドリンクで済ませています。

ダイエットの時には、夕食をこのドリンクに変えています。本当にキレイに痩せられます。この豆乳美肌ドリンクは私にとって、絶対に欠かせない命のドリンクです。

今、自分に一番不足している栄養をミックスするのが岡江流

04 世界の真ん中で豆乳を叫ぼう！

サプリメントや栄養の効果は4日だと言われています。

4日すると、その栄養の恩恵は薄れるそうです。ですから、私はこの豆乳美容ドリンクを、4日以上空けることのないように、世界中で飲んでいます。私の体で実験して、効果に感動し、また、それを実践された方にも効果があったものを、こうして自信をもってお伝えしています。

以前、フランスへ観光へ行った時のことです。分刻みのスケジュールであちこちを見て回った2週間。帰国して自分の顔を見て驚愕しました！　目元も口元も頬も、寝不足と疲れで全部タレていました。

私の老後はこんな顔になるんだ……と予測できるほどでした。

それから、日常に戻った私は、豆乳美容ドリンクを再開したのです。

すると……**2日目あたりからメキメキ音を上げるように顔が上がりだして、4日目には完全に元に戻ったのです。**

この体験には脅威を覚えました。

大荷物のヨーロッパ旅行に豆乳なんて持っていけない、と思っていた私がバカでした。それからというもの、3日以上の海外出張には絶対に、豆乳と美容ドリンクに入れる他の栄養素も持って行くようになりました。

すると、どんなハードな旅行でも、一切顔はタレません。


私の豆乳美容ドリンクを、実践なさった多くの女性の一人に、こんな方がいらっしゃいました。

その方の家は大家族で、彼女を除いて全員が男！　おじいちゃん、ご主人、独身のご主人の兄、息子3人。

それはハードな毎日で、気付けば45歳。

化粧っ気もなく、髪もバサバサ、目は落ちくぼみ、顔はげっそり、でも体は肥満。1年365日いつも体は疲れている。晴れ晴れして体が軽い日なんて、数年味わったこともない。

そんな彼女が、ダイエットもかねて朝食をこの美容ドリンクに置き換え、飲みはじめたら、**肌がふっくらして、化粧のりがよくなり、目元にハリが出て、体重が一気に2kg落ちたそうです。**

それに気を良くして、夜も美容ドリンクだけにして、お昼はしっかり食べるようにしたそうです。

そうすると、**10kg痩せ、それなのに、顔はハツラツとし、肌は劇的に若返っていました。**

ほかにもこのドリンクを飲み始めて、**大人ニキビが治った。肌のキメが整った、毛穴が目立たなくなった、**と嬉しい報告がたくさん。

更には、**生理痛が改善した、髪の毛がキレイになって美容師さんにどうしたの？ と聞かれた、爪が伸びるのが早くなった等々、**いろいろな報告を頂いています。

気のゆるみは命取り!?
ハードスケジュールが続くときほど豆乳美容ドリンク

05

信じる者がバカを見る

ドラッグストアなどで、普通に販売されているサプリメントは、効果はないと思って、ほぼ間違いありません。

人は、栄養素単体で大量摂取しても、ほとんど吸収できないのです。

試験管や工場でつくられた低分子の栄養素は、飲みなれると吸収しなくなってしまいます。その人にとって欠乏している栄養素、つまり、欲している栄養素であれば、はじめは体も喜んで吸収しますが、毎日飲み続けると次第に吸収しなくなってしまうのです。

「これを飲めば健康になる！」「これを飲めば痩せられる！」さまざまな栄養素が世の中に反乱していますが、喜ばしい結果は、なかなか出ないのです。

体の中で不足している栄養素を補えば、人間は元気になれる！　パワフルになれる！　と宣伝広告では謳われています。しかし、**工場でつくられた栄養素の効果は一時的なもので、どれも効き続けるということはありません。**

製薬会社から出ているビタミン剤などは、1ヶ月服用しても効果がみられない場合は、服用を止めるよう明記されています。つまり、万能ではないことを暗に示しているのです。

美容カウンセリングに来られる方を見ていると、**「自分はこんなにたくさんのサプリメントを飲んでいるのだから、栄養は十分足りているはず！」と、盲信している人が多い**ように感じます。こういった方は、高額サプリメントを飲んでいる人に多いように感じます。

正直な話、実際に自分が食べた栄養素の何%を吸収できてるのか？　なんて誰にもわかりません。よほど注意深く、自分の変化に留意しない限り、絶対にわからないと思います。

大半の栄養・健康補助食品は、単体で摂取するより、食後に飲むことをおすすめします。これらのサプリメントは薬ではないので、服用するタイミングを明記することを禁じられています。サプリメントも食品の一環なので、飲み方を記載できないのです。

年齢を重ねれば、体の機能も落ちてきますから、同じ栄養をとっても吸収できなくなります。ただ飲めば元気になると盲目的に飲む栄養素は、もしかすると、まったく体内に吸収されていない可能性があるということを忘れないでください。

単体の栄養素だけでは吸収されない
常に創意工夫と種類を摂取

第4章

心を
わし掴みにする
オーラを細胞から
放つ方法

01

美肌美人は豚の足をかじっている

販売されているコラーゲンは、たいていが「低分子コラーゲン」。冷たい飲み物にでもサッと溶け、低分子だから吸収も早いと言われています。しかし、実際、体に吸収されやすいのは、**高分子のコラーゲンです！**

あなたはまだ低分子コラーゲンに惑わされていませんか？

私は、高分子コラーゲンをもう8年も飲んでいます。

これは、本当にシワに効きます。

この8年間、1本もシワが増えていないことが、その証明です。

もっと言えば、高分子コラーゲンを毎日大さじ1杯飲むだけで、肌がむくんだのかな？　というくらいふっくらモチッとします。

色が白くなった、目元のシワが消えた、ほうれい線が薄くなった！　という声をたくさん聞いていますし、実際、この目で拝見してきました。

ある時、お仕事の関係で、某有名メーカーの低分子コラーゲンを1kgくらい頂いたことありました。

どうせもらいものだし、この際だから取り過ぎるくらいに飲んでやれ！と思い、コラーゲンを1日大さじ2杯飲んでみましたが、まったく効きません。一度に3杯、4杯と飲んでみたのですが、一向に効きませんでした。

そんな矢先、久々に焼き肉屋さんで豚足を食べたのです。

すると、驚くほど、翌日のお肌はぷるぷるなんです！

その後、また低分子コラーゲンを、1日6杯飲んでみましたが、翌日の変化はまったくありませんでした。

そこでやっと、気づいたのです。


もしかしたら、低分子コラーゲンではなく、高分子コラーゲンが効くのかもしれない。それからというもの、**高分子コラーゲンを飲みはじめると、肌はぷるぷる、ツヤツヤになり、シワが消えたのです！**

翌朝、20歳の頃のような、ヌルッとした肌。しかも、髪の毛はよく伸びて、ツヤツヤ、爪もガンガン伸びました。

コラーゲンは、実は高分子の天然型でなければ、効果は出ないのです。


高分子コラーゲンを飲まれた多くの女性から伺った、驚きの声をご紹介いたします。高分子コラーゲンを飲みはじめて、生理痛がなくなったという声が、多数よせられています。また、良性ではありますが、握りこぶし大（10cmほど）の子宮筋腫ができていた方が、高分子コラーゲンを飲みはじめて

6ヵ月で、半分の大きさになったそうです。

私は医者ではないので、なんとも言えませんが、そんなお声を伺うたびに、いつも目を丸くしています。

コラーゲンは肌にいいものだと言われています。私も35歳から飲みはじめて8年！　まったく顔が変わりません。私は高分子に、そこはかとない希望を抱いています。

サプリメントなら、カロリーの心配もないし、安心して毎日頂けます。

美肌に還元されるのは、高分子なんだと35歳で気づいて、本気で安堵している美容家の私です。

栄養を取るのなら高分子　サプリメントも高分子

02

パラサイト・キノコの真実

私が美容家としてこうしていられるのは、あるキノコのエキスを飲んでいるからです。

そのキノコとは、**白樺の木に生息する「樺《かば》のアナタケ」**という大変貴重な、幻のキノコと言われているものです。

このキノコが白樺の木に生えると、木の栄養を全部吸いつくし、木が枯れてしまう凄まじいキノコで、北海道やロシアでしか生息しません。

漢方薬のように煎じて飲むのですが、これが**肝臓や腎臓にテキメンに威力**

を発揮します。それを毎日飲むと、**免疫力が上がり、風邪なども引きにくくなり、果ては、不治の病や、ガンまで治る**と言われています。

私は、ガンを患ったワケではないのですが、ある出会いからこのキノコを10年、毎日飲んでいます。

私が美容家としてスタートするきっかけにもなった、あるお医者様との出会いです。その先生は、がんを専門とする名医でした。

ご実家の総合病院で勤務する傍ら、皮膚科でも患者さんを診ていらしたそうです。その先生からいろいろと勉強させてもらったのが、美容研究家岡江美希のはじまりでした。

先生がお話の中で、よく絶賛していたのが、樺のアナタケでした。これを煎じて飲むと、がんに効くからいいんだ！　がんが治るんだ！　とよく話をしてくれたものです。

その後、樺のアナタケを圧搾抽出した液体があると聞いた私は、デトックスのため飲んでみることにしました。

すると、肝臓への効果が出たようで、1ヶ月間、**顔中が小さな吹き出ものだらけになり、それが収まると私の肌はプラチナのような真っ白で輝く肌になった**のです！　いわゆる毒素排出・好転反応が出たようでした。

更に更に、こんな体験もしました。

たまたま血液検査で私の中性脂肪の数値が1000を超えて、γ－GTPが400を超えた検査結果が出ました。正常な人の健康基準値は、中性脂肪で30〜149mg/dl、肝臓のγ－GTPで、だいたい50以下と言われています。ようするに、私は食べ過ぎなうえ、アルコールを、度を越して飲み過ぎだったんです。

そこで、薬に頼るのがイヤだった私は、パラサイト・キノコを朝晩20ml ずつ飲んでみました。すると、1か月で中性脂肪が300まで落ちて、γ－

GTPも半減。あまりの改善のしように、医者が目を丸くしていました。

今では、中性脂肪が100ちょっと、γ－GTPが60ほどの、まったく問題のない状態をキープしています。

このキノコのおかげで、私の健康は大きく改善されました。

私は美容家なのでガンの方におすすめすることはできませんが、**デトックス・血液・肝臓・糖尿に悩まれる方などにも素晴らしく良いようです。**

このキノコは、近年知名度が上っているので、ネット通販や大手ドラッグストアなどでも、手軽に購入できます。

免疫力向上がトラブルの少ない体をつくる 健康なうちから健康を目指すのが息の長い美を演出する

03

お手軽ビタミン剤は効果がない⁉

あなたは、何かサプリメントを飲んでいますか？

そのサプリメントの効果を実感していますか？

特に、効果を実感として伴わないサプリメントは、止めてもそれほど変わりません。止めたときに、変化を感じたなら、また素直に再開すべきです。変化がなければ、そのまま止めるのが正解です。


ここではビタミン剤など、サプリメントについて思っていること、長年飲んで感じてきたことを率直にお伝えしたいと思いますビタミン剤は、多くの人が一番最初に手にするサプリメントのような気がします。私がはじめて飲んだものは、スポーツ系サプリメントのビタミンCでした。あとは、口内炎ができた時にすすめられて飲んだチョコラBB等です。よく、タバコを吸っているから、毎日ビタミンを飲んでいるという方がいますし、取りあえず健康のためにマルチビタミンを飲んでいる、という方が多いように思います。

でも、正直に言うと、まず**安いサプリメントは効きません。**

私も以前、口内炎ができた時に、コンビニで売っているようなビタミンB群を買って飲んだのですが、2週間飲んでもまったく効きませんでした。そして3000円のチョコラBBに変えた瞬間、2日で治りました。これには唖然とした記憶があります。

また、私は数千円する天然型ビタミンCを10年以上飲んでいました。しかし、まったく効果がわからず止めてしまったのですが、変化はまったくありませんでした。これまた、茫然としました。10年で40万円以上無駄にした計算になります。

それはつまり、試験管の中でつくられた合成栄養では、それほど効かないということです。


例えば、みかんと天然型ビタミンC、お医者様に処方されるビタミンCと、この3種類があるとします。お医者様に処方されたビタミンCというのは、アスコルビン酸Ｎａのことで、ただただ酸っぱい白い粉です。

これは、本当に酸っぱいだけで、風邪を引いてビタミンが欠乏したときにしか、吸収されません。これはお医者様も証明しています。逆に最近では、毎日飲むことすらすすめません。

天然型ビタミンCは、複合体になっていますが、1日に2000ｍｇも必要なく、ほとんどが尿と一緒に流れてしまいます。

しかし、みかんを毎日2個ずつ食べれば、手も顔も舌も黄色くなっていきます。これは、黄色くなるくらい、体が栄養を吸収しているという証明でもあるのです。

天然型ビタミンCを摂ってもどこも**黄色くなりません。黄色いのはサプリメントの着色料だけです。**

つまり、風邪や運動・成長期など、どうしても必要な時なら、低分子の試験管ビタミンでも体は吸収します。しかし、必要でなければ、全て体外に尿として排出されてしまいます。

食べ物が持っている高分子の栄養素は、必要でなくても人体は吸収します。

ですから高分子である米、お菓子、お肉などなど、食品を食べると人は太るのです！

本当に良い栄養は、毎日摂れば必ず変化が見える
それこそが本物の栄養素だからです

04

酵素ドリンクでナイスバディに

今、巷で話題の新しい栄養素、それが**酵素**です。栄養学では、たんぱく質、糖質、脂質、ビタミン、ミネラル、食物繊維、水で7大栄養素。8番目にフアイトケミカル（植物に存在する化学物質）、そして9番目の最後に酵素と言われています。

酵素を摂取すると、まず代謝が上がってダイエットに効果があると広く言われています。

また、**酵素は消化を助けて、体を元気にします。免疫力を上げて病気にならない体をつくる**とも言われています。

ですから、まずは、今日から発酵したものを意識して食べましょう！

ぬか漬け、キムチ、ヨーグルト、お味噌、そして納豆！　これらのモノを意識して毎日食べるだけで、**体はどんどん健康になり、腸環境は良くなって、体の中からどんどん若返ります！**

最近の美容ブームでは酵素が本当に人気で、何かと言えば酵素、酵素。プラセンタと並んで、今一番人気が高いサプリメントだと思います。

酵素は発酵してできています。

野菜やフルーツを入れ、砂糖をたっぷり入れて、放置すること1〜2週間、ぷくぷくと泡が出てきます。そこから果実を取ってお水やソーダで割って飲むワケです。

しかし、私は市販の酵素にはちょっと疑問があります。ちょっと考えてほしいのです。なぜなら、市販の酵素は瓶詰めにされ、混ぜなくても賞味期限が1年。空気と触れていないのに酵素自体が生きていられるのでしょうか。

〝酵素ドリンクを飲んで若返りダイエット♪〟などというキャッチフレーズに踊らされた、ある女性の話をしたいと思います。

瓶詰め酵素を美容のため、健康のためと飲み続けていた彼女は、食べては太り、飲んでは太り、しばしば風邪も引いていました。消化が良かった自覚もなかったそうです。そして、2年前に酵素を飲むのは止めたのです。結果何も変わらなかったのです。

その彼女とは、実は私です。酵素を8年飲んでいた大バカ者です。


結局、酵素酵素と言うけど、市販されている酵素には、本当に酵素が入っているのでしょうか？　もし、その酵素が生きているなら、発酵して、とっくに家に届く前に販売店の倉庫で爆発していると思います。

酵素を飲んで元気に！　とか、ダイエットには酵素！　などと世の中は言っていますが、発酵が止まった酵素、常温で保存できる（発酵していない）酵素を飲んで体調が改善するのだろうか……と真剣に疑問に思います。

あなたはどう思いますか？

実際に、**酵素を飲んで体に変化があるのなら別ですが、私は未だに変化のあった方を見たことがありません。**

そんなに酵素が体にいいのなら、酵素は自宅でつくるべきです！　りんご、にんじん、みかん、レモン等、お好きな果実に同量の砂糖を入れて、毎日清潔な手で混ぜていれば、簡単にできます。

手づくりの酵素は、確実に発酵しています。それなら体にはいいでしょう。

発酵の止まった酵素は酵素か⁉
酵素は、まず自分でつくって、本物を知ろう

05

プラセンタが心と体を不調にする？

酵素に続いて、最近話題の美容サプリ……プラセンタ。

飲むとお肌がうるおって、若返る！　というサプリメントです。病院では安価で簡単に注射してもらえます。プラセンタでキレイになれるのなら、なりたいですよね？　でも、私はちょっと遠慮しておこうと思います。

プラセンタを飲むと、確かに肌はキレイになります。でもいつも無気力、ダルい。会社に行きたくない、うつっぽいという方が、実は結構多いのです。

プラセンタの原材料は、豚や羊や馬の胎盤です。

胎盤は、お母さんと胎内の赤ちゃんをつなぐ器官で、赤ちゃんを育てる命の綱のようなもの。この胎盤は女性ホルモンの宝庫と言われています。

ようするに、赤ちゃんを育てるときに、お母さんが出すホルモンは、ここから出ているんです。いわば、**プラセンタは、女性ホルモンの塊である、ピルの親戚のようなサプリメントなのです。**

あまり言いたくないのですが、私はニューハーフですから、体をいじって現在女性になっています。つまり男性ホルモンを減らし女性ホルモンを増やしたから女性らしくなったわけです。

みなさん、よく勘違いされるのですが、私のお肌がキレイなのは、女性ホルモンを打っているからだと仰られる方がいます。でも、実際には、私はもう15年以上、女性ホルモンの注射は打っていません。打つと女性ホルモン過多になり、妊娠中のような状況になるからです。

プラセンタ注射を打つと、女性ホルモンが急に増えるので、だるくなり目まいがしたりします。そして1ヶ月後には、ホルモンが減少し、出産後のような状態になります。

1年続ければ、12回出産したような、ホルモンの乱高下が起きたことになります。すると**目元や頬の高い位置に肝斑《かんぱん》というシミが出てきたり、体がだるくてめまいがしたり、うつのような症状が出る人もいます。**

妊娠すると女性の肌がキレイになる！　と言われているのは、女性ホルモンが大量に分泌されるからです。胎盤はそういう意味では妊娠した時のホルモン分泌の大親分みたいなモノです。プラセンタと言えば聞こえはいいですが、私から見れば女性ホルモンの乱用にしか見えません。

めまいやうつっぽい症状は、プラセンタを、止めると治ったという方も、多いのです。ですから私は、つらいので10年以上ホルモンは打っていません。

また、プラセンタを1本でも打つと献血できない体になってしまいます。家族が不慮の事故で輸血が必要です！　でもお母さんプラセンタを打っているから輸血できません……なんて笑い話にもなりません！

美しくなるのは素晴らしいことですが、ホルモンを乱用して生きてきた私は、ホルモンの怖さを一番よく知っています。だからこそ、プラセンタにかんしては、世間に迎合しないようにしています。特に、まだ生理がある女性がプラセンタを美容のために摂取するのは、おすすめしません。

10年後20年後は、まだどうなるか未知数なだけに、今は、様子を見ているほうがいいように思えてならないのです。

美と健康、あなたはどちらを取りますか？ホルモンの乱用は体を壊します

06 自然力＝生命力＝美肌力

ここまでお読みいただいて、少しわかってきた方もいらっしゃると思うのですが、私の美容の実体験から見ると、**本や辞書に書いてあることも、当てにならないことがたくさんあります。**

同じビタミンCでもこの場合なら効果が出る、この時は効果が出たけれど、今は出ない、といったことが起こります。

なぜそのようなことが、起きるのでしょうか？

現段階で私があなたにお伝えできることは、**人間の体とは、生きた栄養、生**

命力を持った栄養、放置しておけば腐っていく自然の法則を宿した栄養でなければ、健康や美肌を実現できない、ということです。

1年も2年も腐らない化学的につくられたサプリメントでは、著しくその栄養素が欠乏してるときには効果的ですが、日々飲み続けたとしても、さして効果は現れない、ということです。

身体にプラスしたい栄養補助食品があったとしても、ソレだけ飲んで安心するのではなく、あくまで欠乏している栄養分を、食事の生きた栄養と一緒に摂取することで、体の中で有意義に活用されるのです。

間違ってもどんぶりいっぱいのサプリメントを飲んで安心し、後でジャンクフード食べていれば、逆効果だということです。

また、サプリメントは高分子のモノを摂らなければ意味がありません。

私は高分子コラーゲンを8年飲んでいます。

高分子だと自分の胃や腸で分解できるので、体が栄養素を再結合させる青写真を持つことができます。

ですが、低分子栄養素は人工的にバラバラにしたものですから、**吸収はしても再結合できず、全部流れてしまいます**（涙）

そして、**更にお肌に磨きをかけるには、肝臓を元気にすることです。**肝臓が元気になれば、**デトックスがスムーズに行われます。**すると、添加物からの悪い影響も軽減されます。軽減どころか肌がプラチナのように輝きだします！

サプリメントはお手軽・便利・持ち運びも簡単！　それはそれで素晴らしいことなのですが、高いお金を払って、意味のないものを飲んでも仕方ありません。これは、私自身が経験して実証してきました。

健康でなければ、美肌は実現しません。病人でお肌ぷるぷるの人は、まずいないと思います。**顔とは、心と体すべての鏡だからです。**

腰が痛ければ眉間にシワがより、明日への心配が尽きない方は、常に目が曇っています。子宮が悪い人は、口元や首にニキビができやすくなります。**顔の変化が体の変化。体調不良に美肌はないと言っても過言ではありません！**

これを飲めば、打てば、〝明日から美肌〟というものは、実は、怖いモノかもしれない、という知恵を持つことも大事かもしれません。

かといって、世の中で猛毒は売ってはいません。**食べても害のないモノばかりの人工産物を現代人は摂りすぎている。**そこが怖いのです。

大切なのは、自然力、生命力をなにかしら感じるモノだ！　ということ。

本当の美肌ために、体に返ってくる栄養素を探そう
毎日飲む価値のある栄養素こそが、笑顔を本物にする

第5章

キュンとする
美人の
内蔵磨き
レシピ

01

お弁当はブスの詰め合わせ

人は自分が食べているものでできています。

添加物ばっかり食べていれば、添加物の顔。

農薬をたくさん摂っていれば、農薬を含んだ体になります。

野菜、特に現代のきゅうりなどは、冷蔵庫にずっと置いておくと、ドロドロに溶けてしまいます。これは農薬が原因です。昔の無農薬のきゅうりは、古くなると、乾燥して黄色くなって小さく萎むだけでした。しかし、今スーパーで売られているきゅうりは溶けるんです。お弁当の野菜を食べて、野菜は意識して摂っています、というアナタ。本当に大丈夫ですか？

もし、あなたがキレイになろうと高い化粧品を買っているのなら、**化粧品のランクを落としてでも食生活に気を配り、でき合いのお弁当を食べるのは止めましょう！**


これは、近年に限ったことではありませんが、**一般的に、広く販売されているお弁当の材料は、ほとんどすべて中国産や、外国の安価食材です。**

みなさんは自分が中国野菜だの、農薬野菜だのを自分の口に入れている自覚はありますか？

スーパーへ買い物に行けば、売られているのは国内産の野菜ばかり。中国産の食材と言えば、せいぜい4～5個入りのニンニクくらいのものです。

しかし、我が国の食品輸入量は、年々増えています。そうして、私たちはまったくの無自覚のうちに、外国産の農薬漬けの野菜や、添加物まみれの加工食品を、日々口にしているのです。

300円以内で買える、のり弁もしゃけ弁も、全部輸入品です。魚ものりも漬物も！　回転寿司で食べる魚もしょうがも輸入食材、ファミレスの見えない野菜（カレーやグラタンなどに使用される野菜）は輸入です。

人造いくらに人造かずの子、魚は、実物を見たら二度と食べたくないようなグロテスクなものだったりします。たくあんは、一切れ食べると舌に色がつくほどの着色料。全部ぜ〜〜〜んぶ添加物配合です。更に、おにぎりは、真夏の車の中に置き忘れても腐らない程の保存料が大量に入っています。

これを食べてキレイになれるんだったら、きっと誰も苦労しないでしょう。

あなたはあなたが食べたモノでできている
キレイな人はキレイなモノを食べている

02

電子レンジが栄養素を破壊する⁉

お弁当で最悪なことって、実はまだあります。

実は、お弁当を買ったら電子レンジでチンしますよね？　これが最後のトドメ、最悪のシナリオです。

日本の電子レンジの普及率は98％。冷たいご飯が1分もあれば温かく、ケーキだってつくれちゃう夢の調理器具です。

そもそも電子レンジがどのように、食品を温めているかを知っていますか？

電子レンジは、マイクロウェーブで水の分子を高速で振動させて、温度を上げます。手をスリスリすれば摩擦熱で手が温かくなるのと同じ原理が、食品の中で起こっているんです。

電子レンジの中の食品は液体なら沸騰、食品なら口が火傷するくらい熱くなります。**この熱くなるときに、栄養が変形するのです。**しかも、マイクロウェーブとは、つまり、電磁波です。ですから、**現代人は電磁波まみれの食事をしていることになります。**

これでは、キレイなれるわけがありません。

更に、ラップに包んで温める場合、**ラップに付着させてある薬品が高温によって溶け出し、全部食材に移ってしまいます**（ですから、私は無添加ラップを使っています）。

電子レンジに入れれば、お弁当箱のプラスチックからも、容器の薬品が溶け出しています。

これは、玄米菜食・肉食を極力避けて、添加物を排除する、マクロビオテイックの知識をベースにして、美容に活かしたものです。

100度以上になる電子レンジにかけることで、本来温めて食べるはずのない**サラダや漬物などのビタミンは壊滅。**さらには、**食品それぞれに入っている栄養素も、電磁波まみれで変形。残っているのはカロリーだけです。**

そんな食生活を送っている多くの現代人。今は生きているかもしれませんが、10年後健康だという保証はどこにありますか？

これを知って、私は電子レンジを捨てました。

電子レンジは栄養素を崩壊させる!?
本当に〝大切なこと〟に早く気づきましょう

03

添加物女子は草食女子を目指せ！

最近は、肉食系女子、草食系男子などと言われますが、あなたはどちらが自分にしっくりきますか？

人間の体は、食べたものでできています。ジャンクフードが主食の人は添加物でできています。そして、ベジタリアンならば、野菜でできています。そして、**一定の年齢がくると、その食べ物は大きく人体に影響を及します。**

ベジタリアンの人は、動物性の油を取らないので、若い頃はいいのですが、年齢を重ねると、どうしても肌がパサパサになります。

肉食系の人は、ギトっとしてきます。

ビールばっかり飲んでいる人は、お腹が出てくるし、から揚げやジャンクフードが好きな人は、近寄るとちょっと臭い……みたいな（笑）

これは余談ですが、職業も顔に表れます。

私の実家は魚屋だったので、家族全員ちょっと魚系の顔をしています。肉屋は牛みたいな顔をしているし、鳥を長年扱っている人は、やはり鳥っぽいのです。一番笑ったのは、家族経営のすっぽん専門店に行ったら、家族全員すっぽんみたいな顔をしていたんです！　つまり、**職業・食生活は、その人の外見までつくると言いたいのです。**


それは顔だけではありません。肉食系女子、草食系男子などと言われるのには、それ相応の原因があるんです。

私たちが何気なく食べている食品。その品質表示を見てください。肉・魚・

野菜と、メインの原材料の後に、思いっきり添加物や人工調味料の名前がどっさり書いてありませんか？　一度読んだだけでは覚えきれない程のすごい量。

女子は甘いモノが好きです。お菓子・スナック・アイスクリーム……。原料名には何種類の添加物・着色料が入っていますか？

実は、**私たちが口にしている食品には、多少のホルモン剤を含んでいる食品があります。**また添加物なども、体に入ると、ホルモンのような働きをする物、ホルモンを刺激する物があります。これだけ、世の中が添加物まみれなのですから、そんな食品があってもまったく不思議ではありません。

ダイオキシンなどに代表される、生活有害物質などもホルモンに作用します。これらのホルモンは、どれも**女性ホルモンに作用**するのです。

女性ホルモンが、**女性に更に入れば、ホルモン過多で不妊症が増えたり、情**

緒不安定ぎみになったり、更には、狂暴な女子が増えるのです。そう、肉食系女子の登場です。

また、**男性の場合、女性ホルモンが増えるワケですから、ナヨッとした、優しい、自己主張の少ない男子が生まれます。**

現代の女子こそ、草食系を目指さなければいけません。

だからこそ、食品添加物にもっと注意を払い、女性ホルモン過多の肉食女子は卒業しましょう！　乙女力増幅が、美肌への鍵でもあります。

肉食系女子が増えた理由を考えよう
今日食べた食事の添加物が、あなたを凶暴化させている

04

美人は野菜をかかさない

野菜食の生活は、肌を最もキレイに見せ、化粧のりを良くし、化粧崩れも少なくしてくれます。

キレイになるには、「私はこんなに野菜やフルーツばかり食べていて大丈夫!?」と思うくらいがちょうどいいんです。

実は私、野菜が嫌いです。でも、家で食べる食事は基本的に、野菜をメインにしています。野菜を摂るために効果的なのはジューサーです。一度にコップ3杯分くらいを飲んでいます。美肌になるための特製野菜ジュースのつくり方は、とっても簡単！

特製野菜ジュースのつくり方

❶ 有機にんじん1本、リンゴ1個、みかんか国産レモン1個を用意

❷ 刻んで、ミキサーに入れます（レモン以外は、洗って皮ごと使います）

❸ そこに適量の低温殺菌牛乳を入れて、スイッチON！

食事をこのドリンクだけで済ませるとき、3杯を一食分としてカウントしています。**痩せるし、肌は白くなり、吹き出物はできないし、体は軽くなる。**いいことづくしです。

根菜をたくさん摂ることは、特におすすめです。**根菜をしっかり食べると、ビタミンCやB群、カリウム・食物繊維の効果で、強いお肌になります。**

野菜というと、レタス・キャベツ・トマト・ピーマン・玉ねぎなどが使い勝手もよく、食べる頻度も多いと思いますが、**土の中で育つ野菜は、特にパワーがあるのです。**

最近、無農薬野菜のレストランが流行っていますし、野菜ソムリエなんて職業もできてきました。野菜に注目する女性がそれだけ多くなった証拠だと思います。野菜をサラダだけで食べて安心していてはダメです。

さまざまな調理法で美味しく楽しく、充実した気持ちで食べてこそ、40代50代60代になっても、健やかな美を手にし続けることができるんです。

常に**「野菜を添える生活」が美人をつくります。**

野菜を摂りすぎる生活は、
必ずあなたの解決しなかった悩みに光がさす

05

不老美女になるも、安いブスになるも自己責任

不老美女になるために大切なことは、食べ物も環境も自分が何を選んでいるか？　ということを明確に知ること。

そこに安心と安全があり、未来のアンチエイジングへの道があります。

結果、多少お金はかかります。しかし、そこをケチっていいかげんな生活をして体を壊したとしたら、それは自分が悪いんです。

例えば、私は、ずっと玄米を食べています、元々は白米が大好きでした。でも、「白米は死に米、玄米は生き米」（白米は水に漬けておくと腐るけど、玄

米は芽が出る）と学んでから、玄米100％にシフトしました。

そもそも、**精製される玄米の糠《ぬか》と胚芽《はいが》と胚乳《はいにゅう》には、たくさんのビタミンやミネラル・食物繊維が含まれています。**

これらの栄養を取り除き白米を食べるようになった戦後の日本人に、脚気《かっけ》が大流行しました。

玄米の食物繊維は白米の5〜8倍！　ダイエットにも持って来いで、**本来は、玄米・漬物・味噌汁だけでも、人間は病気にはならないそうです。**

私は、マクロビオティックを含め、いろいろな勉強をしてきましたが、最近、私が一番気にしていることは、**安過ぎる食材は買わない！**　ということ。

安い牛肉はどんな抗生物質や農薬・ホルモン剤が使われているかわかりません。安すぎる野菜は、買って来た翌日には傷んでいます。安すぎるお魚は臭いです。

また産地のしっかりしているモノを買うようにしています。誰が育てた、誰が採ってきた、誰が捌いた等など。これらがあまりに不透明なものは手を出さないようにしています。

やはり、**何を選んで、何を食べるかは、全て自己責任なんです。**太っているのも自己責任、タバコを吸って肺がんになるのも自己責任なのです。

外食も同じです。もしかしてあなたがいつも言っているレストランは農薬だらけのネギを洗わずに切っているかもしれません、また、もしかしたら、食べているさまざまなメニューは、食品偽装によって出されているかもしれません。でも、その店を選んだのはあなたです。

だから私は、**安すぎるお店には行きません。**

私の友人でこんな人がいます。

食事は毎日ラーメン。酒を浴びるように飲み、ヘビースモーカー、お風呂はシャワーのみ、弁当大好き、布団で寝ないで、床で寝る。そして「最近体調悪くて……」と私にこぼすのですが、当たり前です。

女が美しく歳を重ね、不老を目指すなら、何がどこから来て、どんなモンが入っているか位知って、避けて当然だと思います。

高級化粧品を使い、高級ブランドを身をまとって、ランチはジャンクフードっていう女性を何人も見てきました。高級品が欲しい為に、食費を惜しむのです。土台づくりをちゃんとしないと、高いモノも高く見えません。そういう女性はしっかりオバチャンになっていかれました。

全て自己責任！　あなたの笑顔はあなたがつくらないと、誰もつくってくれないのですよ。

キレイになれないのは、決して化粧品やサプリメント選びの間違いだけではありません

第6章

お風呂タイムの使い方がブスと美人の違いをつくる

01

お風呂も美容のステップ

私は、半身浴ではなく、**熱めのお風呂で、じっくり芯まで体を温めることを強くおすすめします。**

自分がある程度熱いなと思う湯温でしっかり体を温める習慣をつけると、毛穴が逆に閉じたり、顔の血色が本当に良くなります。また、夜眠るときに、寝つきが本当に良くなります。

講演会でその話をして、実践した方からは、化粧品の効きが良くなった、キメが細かくなった、化粧ノリが良くなった、お風呂に入るだけなのに腰痛が良くなった、肩こりが楽になったという声を聞きます。

そういう方は、たいていの場合、それまで湯船に浸かるのもカラスの行水で、5分も入らないという方ばかりでした。


風邪などで高熱を出すことは、そもそも、ものすごくいいことです。熱が体を活性化して、悪い物を一気に掃除するのだそうです。

ですから、季節の変わり目に風邪を引くのは、体が弱いのではなく、人間の身体が持っている習性なのです。

それなのに、現代人は仕事があるからと、薬で熱を下げてしまいます。これでは体の中の老廃物や汚れが、排出されなくなります。

ですが、**毎日お風呂で体温を一気に上げることで、どんどん悪い物が排出され、キレイな体になります。**更には、**細胞ごと活性化して、トラブル知らずの体ができあがります。**

この、自身の感覚での「熱めのお風呂入浴」を実践される方で、一番をよく聞く効果が「風邪を引かなくなった」ということ。

私も、もう5年ほど風邪を引いていません。体が風邪を引く必要がないのでしょうね。

半身浴も1年2年粘り強く実践して出した結論です。

お風呂が美肌と健康を育てます 熱めのお風呂にしっかり浸かるのが岡江流

02 お風呂好きはスレンダーへの近道

私はいつも痩せて見られがちです。実際はそれほど痩せていないのですが、周りの人からは太いですね！　と言われた記憶がありません。

それはやっぱりお風呂を上手に活用しているからです。

毎日入るお風呂でリンパのモミ出し、これがダイエットの効果を倍増します。

有酸素運動をした後に、しっかり湯船に入って、足や足の付け根、体をマッサージすると、より痩せやすくなります。**有酸素運動をすると、体に乳酸**

が出て、運動したあとのエネルギーのカスが出ます。これを**お風呂に入って、更に血流をグルグル回して、リンパを流してあげることによって、より早く体が締まるんです！**

私は、これを実践して、みるみる体が変化しました。

自宅でトレーニングできるエクササイズを、1つご紹介いたします。

❶踏み台昇降運動…20分（有酸素運動）
❷腹筋・背筋…30回ずつ（無酸素運動）
❸縄跳び・垂直ジャンプ…30回（細胞活性）

これを1セットとして3セット行います。踏み台昇降運動は、2セット目を15分、3セット目を10分と、時間を徐々に減らし、合計1時間で終わるエクササイズです。

ただ、本来はこの回数が望ましいのですが、全くのゼロからはじめる方には、かなりハードルが高いと思います。一気に30回ではなく、3回を3セットなどからはじめ、徐々に5回を3セット、10回を3セットなどと増やしていってもいいいと思います。

有酸素運動で全身の脂肪燃焼、無酸素運動で筋力UPと基礎代謝UPをします。垂直ジャンプですが、人間の運動の98%は横方向の運動です。その中で上下運動を行うと細胞を一つ一つ活性化していく効果があります。この縄跳びや垂直ジャンプ、トランポリンなどは、その数少ない上下運動なのです。

ですから、私の家には小さな家庭用トランポリンがあるんです（笑）

そしてエクササイズの後には、運動で生じた乳酸をサッと流さねばなりません。なので、5分でいいので、ちょっと熱めのお風呂に入ってみてください。

お風呂でふくらはぎ、足の内側、つけ根、脇などをマッサージしてあげると、どんどんリンパが流れて、美肌・アンチエイジング・ダイエットに効果に結びつきます。

ダイエットにこそ、お風呂は大いに活用すべきです。

もちろん運動をしないときでも、このお風呂でのマッサージは、瘦身効果を発揮します。私は必ず、毎日少しだけでもモミモミしてます。


湯船でのモミモミマッサージが、スタイルを変化させるお風呂の活用が、女性の運命をも変えるのです

03

水も弾かぬ、惨めなお肌

年齢を重ねて、シャワーの水滴が弾かなくなるのは、一重に年齢のせいだと思っている人がほとんどだと思います。ですが、実は違うんです。**本当の原因は、「毎日洗い過ぎ」なことと、「ゴシゴシ洗い過ぎ」なこと**なのです。これに気をつければ、40代でもお水を弾くピチピチのお肌に復活します！

自分の18歳の頃の素肌を覚えていますか？　腕もお尻もピチピチでシャワーをかければピシャピシャと水を弾いていましたよね。それが、年々、水も滴も弾かなくなって、お婆さんの涙のように、ただ滲んでいくばかりです。

ナイロンのタオルは、皮膚をこすり過ぎ、垢を落とし過ぎ、バリア機能や保護機能を低下させます。また、色素沈着をおこし皮膚が黒くなってしまいます。女性は皮膚が薄いので、ナイロンタオルは使わない方がいいのです。

石鹸の泡を手で立て、タオルを使わず、手だけで体を洗う泡ボディ洗浄。これは、所どころに角質が溜まってしまいます。ブツブツと角質の塊ができたり、ガサガサになってしまうのです。溜まった角質は、キレイに取ってしまうのが難しい場合もあるので、注意が必要です。

毎日**タオルでゴシゴシ**洗えば、体はカサカサ。ナイロンタオルでなくても、少し浅黒くなってしまいます。

そこで、絶妙なバランスのボディ洗浄のサイクルをご紹介します。

❶泡ボディ洗浄2日

❷優しくタオル洗い1日

❸スポンジなどでの洗浄を1日

❹ゴシゴシ洗いを1回

とローテーションで洗うようにするのです。するとつ角質も溜まらず、お肌も健やか、全ての問題がクリアになります。

垢は汚いイメージですが、**垢＝角質は皮膚を保護するためにも存在します。**ですから、ある程度は必要だということです。

水滴の弾く肌を諦めない。私はこれでボディの肌改善を勝ち得ました。

洗い過ぎも、洗わな過ぎもお肌の老化を進めます
ボディ洗浄はサイクルとローテション！

04

10代の自由、30代の自由

みなさん、ボディ洗剤って何を使ってますか？
私は迷うことなく無添加せっけんを使っています。
これが一番肌に優しいのです。

世の中で一般に、安価に売られているボディソープなど、CMで〝弱酸性はお肌に優しい〟と言われていますが、実は、**ラウリル酸硫酸塩**や**ポリオキシエチレンラウリルエーテル硫酸塩**などが使われています。これらは、**石油由来の界面活性剤**ですので、脱脂力が強く肌乾燥を起こしてしまいます。

また、除菌効果で清潔素肌を謳っているものもありますが、強力な防腐剤が肌の乾燥を招きますし、泡立ちを良くする**キレート剤（エデト酸塩、EDTAなど）は皮膚刺激が強いのです。**

ボディーソープに入っている防腐剤は、お風呂のカビ菌まで除菌してしまう程強いそうです。

若く美しい20代は何も気にせず手当たり次第に、便利なモノを乱用します。

しかし、老化が進んだ30代40代は、必死で害のないモノを探します。

何を選んで、何を使うのかは、その人の自由ですが、20年という時間の差は自由のベクトルを変えてしまいます。

子供の頃、実家で使っていたのが花王の牛乳せっけんでした。

私は当時、お風呂でせっけんが溶けたり、最後の残りを、新しいせっけんにくっつけて使うところに貧乏性っぽさを感じ、好きになれませんでした。

そこで、家を出た私は、液体ボディーソープを使いはじめました。

TVコマーシャルなどでは、弱酸性はお肌に優しいというようなことを言ってます。きっとお肌がつるつるになって、ピカピカになるんだろうなぁ～なんてイメージを信じて使っていたのです。

ところが、1年使っても2年使っても、うるおう様子はありませんでした。現れたのは、それまでに経験したことのないような肌乾燥でした。

たかだかボディーソープ1つで言うのもなんですが、**若いってだけで、何でも選べる自由がありますが、その無関心な自由には、ツケが後から周って来るかも知れないのです。**

わたしは少し早くに気づけたけど、世には気づけない人もたくさんいます。

どこで気づくかが美肌の分岐点ですね！　お肌に一番優しい洗浄剤は、早い話が無添加のせっけん素地だ、ということ。

ボディソープのチョイスしだいで、お肌の乾燥を招く
弱酸性は、お肌に優しいワケじゃない

第7章

美人の
賞味期限を
延ばす
眠り方

01

快適睡眠なら肩はこらない

快適な睡眠に大切なのは枕です！

高い枕・低い枕・枕なし睡眠、さまざまな眠り方がありますが、結局どれがいいのかと言うと、**低い枕が大正解**ということです。

枕が体に合っていなければ、首にシワが入ってしまいますし、何よりも快適な睡眠を得ることができません。十分な睡眠が取れないことで、美容にも健康にも大きな影響を与えるようになってしまいます。

自分にとってベストな枕をオーダーすることが理想ですが、身近なもので代用することもできます。

まず、バスタオルを高さ5cm位になるようにたたみます。そして自分が一番しっくりくる高さになるように、1枚ずつハンドタオルを積んで、高さを調節していきます。そしてベストな高さが決まったら、頭の中心部だけ一点を糸でしっかり縫い付けるのです。

そうすると、頭が乗る部分だけ凹みますから、頭を固定して眠ることができます。その上から枕カバーをしてもいいかもしれません。

子どもの頃から高い枕が好きだった私は、30代のある時、**首に見事な2本線のシワが入っている**ことに気づきました。

枕が高くて首が折れるからシワができると考えたわたしは、もっともベストな枕について試行錯誤を繰り返しました。

まず、高い枕を止め、首を固定して眠ってみました。お気に入りの高い枕は泣く泣く捨てました。次に、枕なしにしてみたり、首のシワができないようコルセットをはめてみたり……。いやいや、コルセットなんて毎晩はめて眠れないから、タオルを2本首に巻いて眠ってみたり。

すると、あらあらあら！　**首のシワが日に日に消えていくんです！**　これはすごい！　そうです、**首のシワは、やはり就寝時につくられていたんです。**

しかし、このネックタオル美容には、問題がいろいろ出てきました。まず枕がないから朝、顔がむくみます！　そして肩がこり、睡眠がなぜか浅くなる。

続けていれば慣れるだろう……と数年続けたのですが、やっぱり朝はむくみ、肩こりは改善せず、結局日中が辛くなってきました。

そこで、思いついたのが、何も枕を全部と取り去らなくても、低くて眠りやすい枕を探せばいいということでした。

そこで最近流行の枕のデパートに参りまして、何百とある多彩な枕から、お気に入りの枕を探しだしたんです！

その枕は今でも大切に毎日使っているのですが、高さが５ｃｍくらいで、肩の部分がアーチ型になっています。非常に快適に眠れるのです！　もちろん、枕は低いので、首にシワはできません。朝も顔はむくみません。朝起きて肩がこっているということも、この枕を買ってからは一度もありません！

枕って本当に大事です。

首のシワもできてからではなかなかとれませんからね！　枕の工夫でアンチエイジングの小さな一歩がはじまります。

首のシワと起床時の肩こりは眠れていない証拠
快適睡眠のプロデュースは、人生を左右する⁉

02

冷えた女は運が遠のく

女性は、体を温める生活が第一です。女性の体調不良はほとんどと言っていいほど冷えからきます。

女性の半数以上が冷えを実感しており、これが頭痛や肩こり、生理痛などを引き起こしていると言われているのです。

これに大きな影響を与えているのが、入浴の時間帯や入浴スタイル。

そういう意味でも私は断然、**就寝前の入浴をおすすめしています。**

まず、お風呂に入らないで寝ると、体が冷えたまま布団に入ることになります。**冷えた状態では、睡眠の質が落ちます。**すると翌日だるい・眠い・やる気が起きない。しかも体が冷えた状態で太ると、脂肪は温度が低いので余計に体が冷たくなって、**どんどん痩せづらい体に変わっていきます。**

中高年がこのパターンで太ると、その後、二度と痩せないと思っても間違いありません。また痩せても、通常のダイエットより辛いのです。

また、**夜寝る前にお風呂に入るのと、入らないのとでは、ホルモンの分泌も変わってきます。すると当然、お肌の調子も変わってきます。**

夜お風呂に入っているわ！　と言う人でも、シャワーだけで済ませているのではあまりいいとは言えません。まったく入らないよりはマシですが、それはどこまでいってもマシの域を超えず、良い習慣ですね！　とはならないのです。

更に怖いのが、朝風呂に入る習慣です。朝風呂は心臓への負担が大きく、暖かい布団、寒い外気、そして突然の熱いお風呂、心臓麻痺や心筋梗塞を起こすことが実際に多いようです。朝風呂に行って帰ってこなくなりました……なんて笑い話になりません。

アラフォーくらいになってくると、毎日の睡眠はアンチエイジングの大きな柱です。その睡眠が冷えによって邪魔されるのは重大な問題なのです。
若い頃は手足の冷えが主ですが、歳を重ねると腰や腹部の冷えに移って来る方がほとんどです。また薄着、筋肉量の少なさ、毎月の生理……と女性は体が冷える要素が満載です。これを少しでも改善してくれるのが、入浴であり良質な睡眠なのです。

睡眠は1日の1／3を過ごす大切な時間。だからベッドや枕は妥協しないなど、その大切な睡眠をプロデュースするのが、美肌になれるかどうかの分岐点だったりするのです。
良質の睡眠には冷えは大敵です。

就寝前の入浴は大切な習慣です。

アンチエイジングには、睡眠が大事
快適睡眠には入浴が大事

03

就寝日記で美肌時間を知る

24時はお肌の分岐点です。24時前に眠るのと、24時以降に眠るのとでは翌日のお肌の状態、体の元気度が全く違います。

毎日の生活の中で、**日付が変わらないうちにベッドに入り、その日を終わらせることが、美しく歳を取る秘訣です。**

まず、**あなたに就寝日記をつけることをおすすめします。**

現代の忙しい女性は、仕事をしていると、夜中の2時に就寝、朝6時に起床、家族の世話を焼きながら、自分も通勤電車に駆け込むという生活が常なのかもしれません。働く女性とは本当に苛酷なものです。またそれで体が慣らされているのも現状です。疲れが常に慢性なのはどなたも一緒のような気がします。

そもそも、夜中24時以降に起きている時代なんて、ここ50年くらいの文化ではないでしょうか？　考えてみたら、50年前夜中の2時に起きているなんて、電気がもったいない！　と言われる時代です。人類が誕生して200万年が経つとするなら、この50年の常識は本当に非常識な時代なんでしょうね。

美肌の黄金タイムは22時就寝とよく言われますが、そんなの無理です。美容研究家でも寝られません。寝てみましたが、正直仕事ができません（笑）

私がつけた**就寝日記とは、前日の就寝時間と翌日の肌状態と体調をメモするものです。**するると**23時、24時に寝ても、翌日に変化はありませんでした。**

肌状態も化粧ノリもとても良く、体も元気で気力が1日持つのですが、深夜1時以降だと、1時間刻みでどのポイントも悪くなりました。ちなみに、美肌の黄金時間の22時に眠っても、翌朝早く起きてしまうので、逆にあまり意味がありませんでした。

またついつい夜の街を徘徊して夜中の3時なんかに寝ようものなら、翌日は完全に無気力です。さらに、化粧をしたまま寝ようものなら、確実に老けます。なんとか誤魔化してみても、鋭いお客様の目には微妙にわかるようでツッコミが入りました（笑）

結果、22時の黄金タイムとはいうけれど、概ね24時前までに眠ることで美肌効果は得られます。しかし、**24時を回ってしまうと美肌効果は得られないという結論に至りました。**これには、年齢差や個人差があります。なので、今の自分の美肌でいられる就寝時間をチェックしてもいいかもしれませんね。

正直な話、キレイになるために、いろいろなお手入れをしていても、こんな基本的なポイントでつまづいていてはもったいないと思います。ただ眠るだけで翌朝キレイになれるのなら、活用したほうがいいのです。また逆に、無頓着に日々深夜まで夜更かしして、無駄に老けるなんて、この上ない不幸だと思います。

自分の体の耐久性や回復力、持久力を知ることは、美しさを長く保つために、重要な要素だと信じています。

美肌でいられるための就寝時間を知ることは、効率良く若返るポイントを知るということ

04

睡眠＝最高のビタミン⁉

もし、あなたが今の自分の肌をキレイだと心から思えないのなら、一つ簡単な手立てがあります。

それは**今の睡眠に＋2時間を足してみてください。ずっと続けろとは申しません。1週間でいいので＋2時間を確保し続けると、今のあなたの最高の美肌が手に入ります。**

日々ハードな仕事をこなし、夜は友だちと出かけ、ストレスを発散し、忙しい日々をこなしていかなければなりません。そんな日々を送っていると、睡眠＝疲れが取れた、今日も仕事に行ける！　これでＯＫだと思ってしまう人がどれほど多いことか！　疲れが取れれば、昨日の自分は癒された……と考えるのはあまりにも安直です。

私は美容家ですから日々の生活がどれほど自分の肌へ負荷をかけているのかも細かくチェックします。自分は毎日ハードな生活を送っている。収入もそこそこある。だからそれなりにいい化粧品を使っている。だから毎日睡眠３時間でも、お肌も美容も保たれるだろう……という考えが正当なのか間違いなのかを見極めている！　という話です。

世には**「睡眠は最高のビタミンである」**という言葉があります。あなたはこの言葉は本当だと思いますか？　私は、「睡眠のビタミン」と「化粧品の美容成分」で勝負すると、どちらが勝つのかと、真剣に悩んだことがあります。

そこで、平均睡眠時間4時間だった私は、試験的に**毎日9時間眠ってみました。**さまざまなものごとを放棄しなければ得られない9時間でしたが、元々トラブルのない状態だった肌は、**ますますキメが整い、弾力を取り戻し、顔の奥から輝きが溢れ出している**かのようでした。撮影でもカメラマンさんに「なぜこんなにキレイなんだ!?」と驚かれたほどでした。

次に、最低7時間の睡眠を取ってみました。24時〜朝7時まで眠るようにしたのです。そうすると、**それまで使っていた化粧品の効果が明確に出るようになりました。**4、5時間睡眠の時よりも、**肌が白く、キメ細かく**なるんです。その時、人間の体って正直だなと改めて感じました。

同じ化粧品を使い、同じ時間帯に睡眠を取っていても、4〜5時間睡眠より、6〜7時間睡眠のほうが、確実にお肌の立ち上がりがいいのです!

目が覚めて、体が平気ならOKだと思うのは、現代人の浅はかな考えです。

また、7時間睡眠を取った翌日は、**精神的にアクティブ**です。やはり、睡眠とは最高のビタミンと言えるでしょう！

睡眠はただ取ればいいのではなく、一定量眠らなければ、肌は育ちません。毎日、肌のお手入れをしているのに、**一向に成果が上がらないのなら、今の睡眠＋2時間眠るようにしてみてください。**最高のビタミンがあなたを美しくしてくれます。逆に、10時間以上の睡眠は、肌が荒れることがわかっています。

人の体って不思議ですね（笑）

睡眠は最高のビタミン！
結果を実感するには今の睡眠に＋2時間

05

睡眠とは勝ち取るモノ

人生でもっとも手に入れなければないものとは、お金でしょうか？　愛でしょうか？　それとも名誉？　いえ、**実は睡眠なんです。**

は？　と思う方もおられるかもしれませんが、睡眠はそれくらい本当に重用なものなのです。

一番はじめに、しかも簡単に削られるものは、食費と睡眠時間です。

睡眠時間を大切に考えている人は、世の中にどれくらいの割合いるのでしょうか？

そもそも、私たちは、自らの体を過信しすぎています。これくらいなら大丈夫♪と安易な考えから無理をして働いたり、ストレスを溜めたりするので、体を壊したり、不本意な肌トラブルとなるのです。

もし、あなたが今日から3日間、眠らないとしたらどうなるでしょうか？もう、本当に眠いんです。眠くて眠くてしかたありません。でも、眠らせてもらえない。それは、もう想像しただけで怖いことです。

1日眠らなかっただけでも、体調の悪いところは1つや2つではありません。これが3日間続いたら、私ならきっと人格崩壊し、周りの人たちとコミュニケーションをうまく図れる自信がありません。

そうならないのは、日々睡眠を取っているからです。

また、人間の細胞は60兆個と言われています。

その中で、**5000個くらいは、毎日ガン細胞に変異している**と言われています。でも、それがガンにならないのは、白血球やキラー細胞が働いているからです。ガンになってしまった細胞が、1つでも残ると、死に至る可能性もあるもの。この**5000個のガン細胞を修復するのが、眠っている時間**なのです。

ですから、「眠るのはもったいない」「睡眠を削ってDVDを見よう」なんて行為は、自分から病気に向かって突っ走っているようなものなのです。ましてや、高級化粧品を使っているから、私はいつまでもキレイだなんて、愚かでしかたありません（全部、私自身のことなんですけどね〈笑〉）。

睡眠＝最高のビタミンなんて悠長なことを言っていられるうちは、まだまだおめでたい人間なんです。

病気になったら起き上がることすらできません。睡眠と健康が全く連携していないのなら、不眠症の末期がん患者がいてもおかしくありません。でも、世界中のどんな人でも、病気になればひたすら眠ります。風邪を引いたら眠るしかありません。
美容本で言うにはちょっと重い話ですが、改めて言うと、**睡眠というのは削るものではなく、確保するもの**であり、**現代人にとっては勝ち取るもの**なんです！

睡眠こそが美と健康と精神安定を司っています
眠ることに目覚めましょう！

06

北国にいても南国生活を目指せ！

冬のアンチエイジングの極意、それは、**眠るときの部屋の湿度を驚くほど高くし、肌を乾燥させないようすること**です。

先ほども書きましたが、人間は眠っている間に体が修復されます。それと同様に、お肌だって夜眠り朝起きれば、修復されています。

眠る前にお手入れする化粧品の役割は、翌朝、お肌がハリと弾力を取り戻し・うるおい・白くモチモチした肌になる手助けをすることです。

ですが、その眠る前の手助けが過剰すぎるのです。大切なのは、**お肌が自**

力でどこまで修復できるのかということです。

化粧品で甘やかし放題に栄養を与えて眠ることと、良質な睡眠の環境を整えることは、全く異なります。ここを誤解しています。

日本には四季がありますが、これには悲しいかな短所があります。冬は寒さと乾燥、夏は暑さと湿気があることです。

寒さ・暑さは体感ですが、乾燥と湿気は、お肌にダイレクトに影響を及ぼします。乾燥と湿気は対極。**冬の乾燥はシワを増やし、老化を促進しますが、夏の湿気はお肌を健やかにします。**夏は湿気が高くて肌がうるおうので、美容クリームを塗らなくてもシワはできません。湿気は不快の原因ですが、肌には恩恵でもあるのです。

老化は冬にやってきます。シミの原因は、紫外線や顔の洗い過ぎによる摩擦、ケミカル薬品とさまざまありますが、シワができて老ける原因のほとんどは乾燥です。でも、「だから、冬には朝晩たっぷり美容クリームが必需品なんです」と言うのは安直な答えです。

確かに朝は、1日の活動をする中で環境の変化があるため、美容クリームは必須です。しかし、夜は美容クリームをたっぷり塗ることよりも、暖かな気持ちのよい布団と、しっくりくる枕、そして梅雨のような高い湿度があれば、そうそう老けることはありません。

冬の寝室は、加湿器のスイッチを強にしましょう。湿度が高ければ、エアコンは25度でも十二分に温かく感じます。湿度が低ければ30度でも寒く感じます。

この眠るときの環境を、夏のようにとまでは言いませんが、湿度を高く保ってあげると、シワや老化が進むことなく、快適に体の修復が行われるようになるのです。

ですから、過剰な美容クリームで甘やかさなくても、美容液だけでお肌はいつもしっとりつややか、顔もタレることはありません。外は木枯らしが吹き荒れても、私の顔だけは年齢不詳のままです。

簡単な話、北国に住んでいても、南国のような湿度があれば、油や薬に頼らなくても老けないということです。

私の家には加湿器が5台も6台もあります。

「冬を夏のような環境に整える」、とても大切なことです。

冬でも真夏の湿度を保って肌環境を快適に！
乾燥こそがお肌の老化の魔の手

07

文明の利器が不調をつくる⁉

美と若さを崩壊させるものは、「紫外線」と「乾燥」「老化」だけではないという新事実があります。**それは電磁波です。**家電製品全盛の世の中で、実はそこから発せられる電磁波が、私たちの健康、美貌、若さにまで、悪影響を及ぼしています。

携帯電話から電磁波が大量に出るのは、通話中、充電中、作動中です。ですから、充電しながら頭の近くに置いて眠る行為は、「毎日、頭を悪くしていきたいんです！」と言っているようなモノです。

私も以前やっていましたが、眠っているときに携帯電話のアラームをセットして、頭のすぐ横に置いたり、もっとひどい人は耳の上に当てたまま寝ている……。それも充電しながらです。

電子レンジの項目でもお話ししましたが、**電磁波とはいろいろな栄養を破壊します。**携帯電話を耳に当てて長電話していると、耳の中の栄養分が壊れます。しかも、**電磁波は脳に直接影響を及ぼします。**

現代人の携帯電話の電磁波漬けは異常なまでに害を蓄積させており、これから10年もすると、脳の病気が増えるのではないかと危惧するお医者様が増えています。

電磁波汚染が重傷になってくると、**肌荒れや不眠症、不妊症、激疲れ、精子減少、発達障害**などが増えてきます。だから、電波塔が立つときは、子供の発育に悪いなどで、反対される場合が多いのです。

疲れを取り、体を癒すマイホームが電磁波の危険に侵されている。しかも毎日携帯電話で脳まで汚染……。

私は、個人的に、電磁波測定機を買って、家中の電化製品の電磁波を測ってみて、ちょっと怖くなりました。

便利なのはいいけれど、日本人は何をしたいねん!? といった感じです。

次に怖いのがノートPCです。

電源コードを接続したまま使うノートPCは、すごい量の電磁波を発しています。しかも、その電磁波は机を伝って、そのまま私たちの体にも悪影響を及ぼします。ですから、ノートPCを使うときには、充電器は外して使うのがベストです。

自宅では、PCを触らないときに充電し、使うときには抜いています。

睡眠には直接繋がりませんが、炊飯器も電磁波まみれです。

ＩＨ炊飯ジャーがその張本人。美味しく炊いたお家のご飯は、電磁波だらけ……って寂しいですよね？　だから私は**マイコン圧力炊飯器を使っています。**

現代人から携帯電話を取り上げたら、人格が崩壊すると言われています。人格の崩壊が先か、体の崩壊が先か!?　本当に思案のしごろにきたように思います。何も知らないで愛用している人たちが可哀そうなのか、無知なのか、どうでもいいのか……そこら辺は個人の判断だと思いますが、体あっての美容です。順序を間違えたくないですね。

携帯電話で肌荒れを起こす!?　充電しながらの通話ほど、汚染が強い

おわりに

この本を手に取り、最後まで読まれていかがでしたでしょうか？
キレイになるための、肌のお手入れの常識が、いかに肌に悪く、体のためにと気遣っていたことが、いかに健康を害するか!? に少し気づいていただけたのではないでしょうか？

化粧品や食品の多くは、イメージで売られています。イメージさえ良ければ、女性がよろこんで使い続け、愛用してくれさえすれば、メーカーの利益は上がり続けます。

そこに、〝真実の美〟が生まれればいいのですが、そうでないことを、私は20代で知りました。

今思うと、おかしいくらい悲しい話、**美しさ花開く30代で、私の肌は、地獄のブス肌でした。お金を使えばキレイになれる！　という幻想と、嘘の壁にぶち当たりました。**世の中には、そんな女性が星の数ほどいるのが現状です。

同じ化粧品を1年間愛用する女性は、どれほどいるでしょうか。

化粧品業界では、9割の人が化粧品ジプシー（次々と商品を変えること）だと言われています。努力が報われないのは、この本を手にしているあなただけではないのです。

そんな私が、この美容家として、12年間やってきたことは、とてもシンプル！

①徹底的に保湿する
②ケミカルではなく、天然ハーブでお手入れ
③体に悪いものを避ける
④自分の力を最大限に伸ばす

この4つです。とても自然の摂理に沿った簡単なことですよね。

しかし、現代人はこれを理解できません。今の美容は日本の法律のようなものです。古い法律や不都合な法律に改定を重ね、今となっては、どれが元で、なにが基本なんだか全くわかりません！　抜け道と盲点ばかりをおさえた美容法になっているような気がします。

美肌になるには、まずその思い込みと、世の中の常識を一度捨てて、根本に立ち返ってみるべきだと私は思っています。

また、**シンプル過ぎず、過剰にならないこと。その絶妙なバランスを上手に取ることができれば、どんなお肌も生まれ変わります。**

地方での講演会も、毎年行っているのですが、同じ会場に何年も通ってくださっている常連さんがたくさんいらっしゃいます。その方たちは、講演の回を重ねるほどに、肌がキレイになっていくのです。中には、**講演会にはじめて来てくださった時に、ブス肌で心を痛めていらっしゃったのに、今では私よりキレイになって「私、美容家になります！」なんておっしゃる方もいるほどです。**

しかし、中には、なかなか結果が出ない方もいらっしゃいます。それは、話を聞くだけで全く実践しない方です。

生活に追われ、お手入れなんてできないと決めつけている方、移り気な方は、本

当にもったいないと思います。人生は一度きりしかありません。

ブス肌で生きるも一生、美人肌で生きるも一生です！

だったらキレイで楽しく明るく生きた方が、絶対に素敵なのに！　と思ってしまいます。

振り返ると、私の人生もずっとコンプレックスとの戦いでした。

まず性別（笑）、そして顔！　身長、骨太、足デカ（笑）、か弱くない！　でも、この体に生まれてしまったのですから、どうしようもありません。

顔は自信の看板のはずなのに、10代ではニキビ、20代ではシミ、30代では、シミ・シワ・毛穴にほうれい線、赤ら顔、くすみ……と、本当にボロボロでした。

そんな私も、**努力によって、美肌を売りとする美容家にまでなることができました。**

30代は、世に言う〝2度目のお肌の曲がり角〟。でもそんな社会通念なんて気にしない、気にしない！

飽食の時代、一般市民が宇宙に飛び出す時代です。お手入れ方法さえ間違わなければ、40代だってフツーに若返ります！

悩むより先に、本当の美肌へのメソッドを知るべきです。

何か新しい化粧品に手を出す前に、その使い方を考え直すべきです。

まだまだ遅くないですよ！

あなたの肌は、まだ未知なる可能性をうんと秘めています！

まずは、信じて私についてきて下さい。

私はどこを見ても美肌の人しかいない、美肌大国〝日本〟にすることが、最終の目標なのです！

岡江《おかえ》 美希《みき》

1971年生まれ、兵庫県出身。

幼いころから"世界一の美女"に憧れ、18歳のとき女性として生きていくことを決意。ショービジネスの世界で活躍後、事業家に転身。広告代理店や飲食店の経営を経て、2003年、化粧品会社"トリプルサン"を設立する。

10代は顔中のにきびに悩まされ、20代では昼夜問わずの激務で体を酷使し、30歳を越えた頃には、お肌はボロボロに。そこで一念発起し、自身の肌を蘇らせるため、さまざまな美容法を研究する日々をおくる。

その後、過去の肌からは想像もできない"奇跡の肌"を手に入れ、そのノウハウを日本全国での講演や美容カウンセリングなどで、肌に悩む多くの女性たちにアドバイスし、人気を博している。

また、その美容体験のすべてを注ぎ込み、ドクターらと研究を重ね、化学薬品や保存料を極力使わず、徹底的に成分にこだわり、かつ効果が実感できるオリジナルコスメをプロデュースする。美容研究家としてテレビなどでも、幅広く活躍している。

著書に『美肌のヒミツ』(幻冬舎)、『美肌の真実』(学研マーケティング)、『全身美人のヒミツ』(幻冬舎)、『美人の黄金律』(青春出版社)、『オリーブオイル2週間美肌レッスン』(主婦の友社)などがある。

乳液があなたを、ブスにする。

2014年8月6日 初版発行

著　者　岡江 美希

装　丁　加藤 愛子（オフィスキントン）
本文デザイン　土屋 和泉

発行者　野村 直克

発行所　総合法令出版株式会社
〒103-0001
東京都中央区日本橋小伝馬町15-18
常和小伝馬町ビル9階
電話　03-5623-5121

印刷・製本　新灯印刷株式会社

 ISBN978-4-86280-413-6